Zsanett Fantoly

As questões actuais do direito processual penal húngaro

Zsanett Fantoly

As questões actuais do direito processual penal húngaro

ScienciaScripts

Cover image: www.ingimage.com

This book is a translation from the original published under ISBN 978-3-659-85508-5.

Publisher:
Sciencia Scripts
is a trademark of
Dodo Books Indian Ocean Ltd. and OmniScriptum S.R.L publishing group

120 High Road, East Finchley, London, N2 9ED, United Kingdom
Str. Armeneasca 28/1, office 1, Chisinau MD-2012, Republic of Moldova, Europe
Managing Directors: Ieva Konstantinova, Victoria Ursu
info@omniscriptum.com

Printed at: see last page
ISBN: 978-620-8-39875-0

Índice:

Introdução

Atualmente, a questão que mais preocupa os sistemas de justiça europeus é a elaboração de soluções desenvolvidas para a eficácia e a celeridade dos processos penais e, neste contexto, a sua simplificação. O processo penal tradicional é muitas vezes prolongado, o que viola a exigência do chamado "processo num prazo razoável", prevista na Convenção para a Proteção dos Direitos do Homem e das Liberdades Fundamentais, assinada em Roma, em 4th de novembro de 1950[1] . O "prazo razoável" deve ser interpretado como parte do direito a um processo equitativo especificado no artigo 6º da Convenção e em conjunto com outros direitos (por exemplo, julgamento por um tribunal independente e imparcial durante o processo; a aplicação coerente da presunção de inocência, garantindo o direito de defesa, etc.). Para além da Convenção, o direito a um processo equitativo figura igualmente nas secções (1) - (3) e (6) - (7) do artigo XXVIII da Lei Fundamental da Hungria; no artigo 14º do Pacto Internacional sobre os Direitos Civis e Políticos[2] ; nos artigos 47º - 50º da Carta dos Direitos Fundamentais da União Europeia, bem como em numerosas disposições da Lei XIX de 1998 relativa ao processo penal. Como a lista mostra, as garantias do processo penal têm bases doutrinais sólidas na Hungria e são os bastiões inamovíveis que asseguram os direitos humanos (dos arguidos), sem os quais uma sociedade de Estado de direito é inconcebível.

De acordo com *Vogler* e *Huber,* podem distinguir-se essencialmente três efeitos na justiça penal europeia moderna que determinarão a direção do desenvolvimento do direito que tradicionalmente assenta em bases inquisitoriais. Estes três efeitos, que não parecem de modo algum exclusivos, mas que são de facto determinantes na atual condição da cultura do direito (penal) europeu, são os seguintes: a ocorrência de elementos do sistema de justiça penal contraditório[3] ; o pensamento jurídico especificado na Convenção Europeia dos Direitos do Homem a ganhar terreno; e a convergência das leis penais nacionais com base nos esforços de harmonização da legislação da União Europeia. Estes três efeitos de origem diversa contribuem para a difusão da exigência do direito a um processo equitativo e aceleram as mudanças estruturais que se registam na justiça penal dos países europeus.[4]

---

[1] Publicado na Hungria pela Lei XXXI de 1993

[2] Publicado na Hungria pelo Decreto-lei n.º 8 de 1976

[3] Para mais pormenores sobre a evolução histórica e as caraterísticas dos sistemas de justiça penal inquisitório, acusatório e contraditório, ver FANTOLY, Zsanett: *The characteristics of criminal trial systems and the efficiency of the criminal procedure. (A bunteto targyalasi rendszerek sajatossagai es a buntetoeljaras hatekonysaga.)* HVGOrac. Budapeste, 2013.

[4] VOGLER, Richard - HUBER, Barbara: *O processo penal na Europa.* Duncker&Humblot. Berlim, 2008. p. 11

Capítulo 1

I. A expansão dos instrumentos processuais penais contraditórios e os elementos consensuais

No que diz respeito à expansão dos instrumentos do processo penal contraditório, o processo penal húngaro em transformação deixa cada vez mais espaço para o acordo das partes, para o seu consenso. O julgamento continua a ser a forma geral de procedimento, em que o tribunal decide sobre a responsabilidade penal do arguido com base nos meios de prova apresentados pelas partes e após ter efectuado um procedimento probatório pormenorizado. O julgamento é contraditório (audi alteram partem), público, direto e verbal. No decurso do julgamento, aplicam-se os princípios que determinam a imagem do processo penal, tais como a divisão das tarefas relacionadas com o processo, o princípio da acusação, a presunção de inocência e, em relação a este, a proibição da auto-incriminação, bem como o ónus da prova. No entanto, se as partes pretenderem utilizar oportunidades que lhes permitam escapar ou evitar um julgamento, os elementos do contraditório são particularmente predominantes. No processo penal húngaro em vigor, o acordo está expressamente consagrado em três instrumentos jurídicos: a cooperação com o suspeito durante a investigação; a renúncia ao julgamento no âmbito dos processos específicos - que incluem regras especiais para o processo geral e ordinário; bem como o acordo celebrado com qualquer pessoa protegida no âmbito do chamado Programa de Proteção.[5]

1. O suspeito que coopera

A Lei de Processo Penal (a seguir designada "Lei de Processo Penal") inclui, entre os casos que se aplicam especificamente ao acordo, a cooperação com o suspeito como fundamento para o encerramento da investigação. A pessoa razoavelmente suspeita de ter cometido uma infração penal, o chamado *suspeito que coopera*, pode fornecer à autoridade informações substanciais relativas a um processo penal, e esse suspeito está disposto a fazê-lo. A exceção à possibilidade de encerrar a investigação é se essa pessoa for suspeita de ter cometido um crime doloso contra a vida humana.

2. A renúncia ao julgamento

O direito a ser julgado em tribunal é um direito constitucional fundamental na Hungria. No entanto, em determinadas condições, o arguido pode renunciar ao seu

[5] HERKE Csongor: *Megällapodäsok a büntetöperben. (Acordos no processo penal)* Pecs, 2008. p. 127

direito de ser julgado pelo tribunal durante o processo. Deste modo, o processo judicial é simplificado e o arguido pode esperar uma sentença mais favorável, uma vez que, em relação aos infractores que renunciam ao julgamento, são aplicados os limites de pena reduzidos especificados na secção 83 do Código Penal[6] (a seguir designado "Código Penal"). No decurso da *renúncia ao julgamento*, o Ministério Público e o arguido celebram um acordo escrito (o chamado "acordo de confissão"), que inclui a descrição da infração penal que o arguido admitiu, a sua classificação de acordo com o Código Penal, bem como a declaração do Ministério Público e do arguido sobre o tipo, a extensão e a duração da pena ou medida que reconhecem. No decurso do processo, a pedido do Ministério Público com base na iniciativa do arguido, o tribunal estabelece, na sua sessão pública, a culpa do arguido com base na confissão do arguido feita durante a sessão pública e nos documentos do inquérito, bem como tendo em consideração o acordo celebrado pelas partes, o tribunal impõe uma pena de diminuição da medida, tal como especificado no artigo 83.o do Código Penal. De acordo com o compromisso especial celebrado entre o arguido do processo e o Ministério Público, não só o arguido renuncia ao seu direito de defesa substancial e, no que diz respeito à culpa e à classificação, ao seu direito de recurso, como também o executor do pedido de punição do Estado renuncia à possibilidade de o tribunal impor a pena dentro dos limites da pena aplicável à infração penal.

O objetivo que o processo especial de dispensa de julgamento pretende atingir é a celeridade processual, no entanto, o reduzido número da sua utilização na prática sobrepõe-se à intenção modernizadora do legislador, uma vez que o número de processos em que esta forma de processo é efetivamente utilizada representa apenas 0,3% do total de processos.[7] A razão para tal reside na redação específica e fechada do preceito legal,[8] que - devido ao seu limite de pena restrito - oferece relativamente poucas oportunidades para verdadeiras negociações entre o arguido e o Ministério Público. O instrumento jurídico partilha uma série de semelhanças com o instrumento de plea bargaining conhecido do sistema jurídico anglo-saxónico, no entanto, a oportunidade de um acordo expressamente favorável ao arguido é precisamente o que falta no instrumento jurídico húngaro, uma vez que não permite qualquer desvio em

---

[6] Lei C de 2012

[7] NAGY, Anita: *Buntetoeljarast gyorsito rendelkezesek az Emberi Jogok Europai Egyezmenyeben, az Europa Tanacs Miniszteri Bizottsaganak ajanlasaiban, az Europai Unioban es a hazai jogalkotasban. (Disposições que aceleram o processo penal incluídas na Convenção Europeia dos Direitos do Homem, nas recomendações do Comité de Ministros do Conselho da Europa, na União Europeia e na legislação húngara)* Bibor Kiado, Miskolc, 2008. p. 295

[8] Subsecção (1) Artigo 534.º da Lei de Processo Penal Desde que, antes da apresentação da acusação formal, o arguido confesse a sua culpa e renuncie ao seu direito a um julgamento, a pedido do Ministério Público, o tribunal pode declarar a culpa do arguido na sua decisão proferida em sessão pública

relação aos limites de pena especificados na lei. De acordo com *Kiraly*: "A renúncia ao julgamento tem elementos consensuais, uma vez que a sua utilização exige o acordo da acusação e da defesa, mas, ao contrário da solução anglo-saxónica, não há negociação relativamente à medida ou à remissão da pena, e o juiz não está envolvido na formação do acordo de forma alguma. Por conseguinte, a negociação, o consenso não diz respeito à acusação, mas à utilização da forma de procedimento".[9] Por outro lado, a confissão só pode ser tida em consideração em termos de direito processual - ao contrário da solução americana - se facilitar o esclarecimento factual pormenorizado da infração penal. Finalmente, outra diferença significativa é o facto de o tribunal não poder ser obrigado a aplicar a cláusula de clemência do Código Penal.[10]

2.1. A evolução histórica da renúncia ao julgamento

Com base nos objectivos estabelecidos para acelerar os procedimentos e em resultado dos esforços do legislador para aumentar o número e as oportunidades de aplicação de procedimentos especiais, a Lei CX de 1999 introduziu a dispensa de julgamento como instrumento jurídico.[11] Assim, a partir de 1st de março de 2000, no âmbito de um conjunto específico de processos e a pedido do Ministério Público com base na iniciativa do arguido, o tribunal pode, na sua sessão pública, estabelecer a culpa do arguido com base na sua confissão feita durante a sessão pública e nos documentos do inquérito, e o tribunal pode impor uma sanção de medida atenuada, tal como especificado no Código Penal, tendo em conta o acordo celebrado pelas partes - em resultado de legislação posterior.

Por conseguinte, a renúncia ao julgamento é a declaração do arguido, na qual este declara que, tendo conhecimento das consequências do processo em termos de direito material e processual, renuncia ao seu direito de ser julgado por um tribunal no decurso de um julgamento e após ter examinado os meios de prova propostos pela acusação e pela defesa (renuncia ao seu direito a um julgamento público perante o tribunal, igualmente previsto na Lei Fundamental e na Convenção Europeia dos Direitos do Homem, e estabelecido nas decisões do Tribunal Constitucional da Hungria). Além disso, o arguido solicita ao tribunal que julgue o caso com base na confissão de culpa do arguido feita durante a sessão pública, nos documentos disponíveis e numa acusação

---

[9] KIRALY, Tibor: *Buntetoeljarasi jog. (Direito processual penal)* Osiris Kiado, Budapeste, 2003. p. 559

[10] NAGY, Anita: *Buntetoeljarast gyorsito rendelkezesek az Emberi Jogok Europai Egyezmenyeben, az Europa Tanacs Miniszteri Bizottsaganak ajanlasaiban, az Europai Unioban es a hazai jogalkotasban. (Disposições que aceleram o processo penal incluídas na Convenção Europeia dos Direitos do Homem, nas recomendações do Comité de Ministros do Conselho da Europa, na União Europeia e na legislação húngara)* Bibor Kiado. Miskolc, 2008. p. 77

[11] Relativamente ao anterior teste constitucional do instrumento jurídico, ver a decisão do Tribunal Constitucional n.º 422/B/1999. (ABH 2004/8-9.)

baseada no acordo apresentado ao tribunal.[12]

Assim, a essência desta forma especial de procedimento é que se baseia na confissão do arguido e que, para tratar o caso "sumariamente", o procedimento passa pelo princípio tratado como um dos princípios do direito moderno da prova e especificado na subsecção (2) do artigo 18.º da Lei de Processo Penal, segundo o qual a confissão do arguido, por si só, não constitui prova suficiente. Assim, o princípio da prova codificado no direito positivo, segundo o qual, mesmo que o arguido confesse, devem ser obtidas outras provas, deixou de ter um carácter geral.[13] Na renúncia ao procedimento de julgamento, para além da confissão do arguido, apenas pode ocorrer a leitura e a análise dos documentos (de investigação), tornando-os assim objeto da sessão pública (é realizado o chamado procedimento probatório "incompleto").[14]

Parte da literatura jurídica,[15] e, em especial, a jurisprudência mostraram-se cépticas em relação a este instrumento jurídico estranho às tradições processuais húngaras, o que fez com que a utilização prática do procedimento se tornasse praticamente insignificante. As regras de renúncia ao julgamento foram utilizadas apenas contra 0,5% de todos os arguidos, não tendo sido propostas pelo Ministério Público quaisquer sessões públicas contra arguidos que colaboraram.[16] Mais de metade dos procedimentos foram conduzidos no território de competência do Gabinete do Procurador-Geral do Condado de Bacs-Kiskun.[17] Na maioria dos outros gabinetes do

---

[12] SOOS, László: *Lemondas a targyalasrol. (Renúncia ao julgamento)* In: Belegi, Jozsef - Berkes, Gyorgy (editor): Bunteto eljarasjog. Kommentar a gyakorlat szamara. (*Lei de Processo Penal. Comentário para a prática.)* HVG-Orac, Budapeste 2009. pp. 1319-1320/1

[13] A proposta da Associação de Juízes Húngaros (Magyar Biroi Egyesulet), elaborada com o objetivo de acelerar os processos penais, propunha expressamente "O processo penal pode ser acelerado dando ênfase a um tipo de declaração do arguido conhecido no sistema anglo-saxónico, como a confissão. Em , poder-se-ia utilizar um procedimento simplificado, aplicando-se uma forma probatória em caso de negação." www.mabie.hu/node/322. [Data de descarregamento: 22 de novembro de 2011].

[14] SoÓS, op.cit. p. 1320/4

[15] Citando o pensamento de *Ervin Cseka*: "De acordo com a justificação do ministro, o processo judicial torna-se excecionalmente simplificado com a renúncia ao julgamento. De facto, isto seria difícil de contestar, e algumas questões surgem apenas no que diz respeito à disposição jurídica processual do instrumento: Instrumento clássico da justiça efectuada no decurso do processo penal, o julgamento não é mais do que um dos direitos processuais do arguido, ao qual este pode (com pouco apoio do Ministério Público) simplesmente renunciar? Que relação existe entre o significado estatutário prioritário que fundamenta este processo especial e as disposições legais que proíbem que os meios de prova e os indícios tenham um valor probatório pré-determinado? Neste procedimento especial, qual é o objeto da acusação (o seu conteúdo factual e jurídico); aquilo que o arguido confessa ou também o Ministério Público tem um papel na "formação" da acusação? A fixação da pena dentro dos limites significativamente reduzidos pelo ato está (poderá estar) em conformidade com as exigências da justiça e da igualdade perante a lei?" CSEKA, Ervin: *Bevezeto. (Introdução)* Jogtudomanyi Kozlony 1998/4. pp. 113115

[16] Osszefoglalo jelentes a targyalasrol lemondas alapjan folytatott eljarasok torvenyessegenek vizsgalatarol. *(Relatório de síntese sobre a auditoria da legalidade dos processos concluídos com base na renúncia ao julgamento)* Publicado por: Departamento de Processos Penais do Gabinete do Procurador-Geral. (Legfobb Ugyeszseg Buntetobirosagi Ugyek Foosztalya.) Bf. 389/2008. p. 4

[17] A experiência adquirida com a aplicação do procedimento no condado de Bacs-Kiskun é descrita em pormenor por DEILINGER, Viktoria, no seu manuscrito *Lemondas a targyalasrol (Renúncia ao julgamento).*

Procurador-Geral, o número de procedimentos não chegou sequer a dez, havendo também gabinetes do Procurador-Geral que não aplicaram o procedimento.

As caraterísticas do *regulamento estatutário original* do processo especial são as seguintes: em qualquer caso, a investigação é efectuada de acordo com as disposições gerais da lei e, no decurso da investigação, não é tido em consideração o facto de o processo vir a ser julgado de acordo com as regras deste processo especial. As diferenças verificam-se apenas na fase judicial: o tribunal procede como juiz singular, em vez de um julgamento, o tribunal realiza uma sessão pública, com a presença obrigatória do Ministério Público e do advogado. O procedimento probatório limita-se ao interrogatório do arguido pelo tribunal, tendo o Ministério Público e o advogado apenas o direito de fazer intervenções. A determinação da culpa do arguido baseia-se na confissão do arguido e nos documentos do inquérito. Na sessão pública, o tribunal profere uma sentença que declara a culpabilidade do arguido e inclui uma sanção, ou - se o tribunal considerar necessário - remete o caso para julgamento.[18]

Os recursos só podem ser interpostos em relação ao estabelecimento de uma definição legal do ato criminoso ou à sua classificação diferente das que constam da acusação, bem como à seleção e medida da sanção punitiva e a questões acessórias (ação cível, medidas tomadas em relação à prova, responsabilidade pelas custas do processo penal).

2.1.2. As condições de aplicabilidade do procedimento

Para aplicar o procedimento, devem estar preenchidas quatro condições fundamentais:

Em primeiro lugar, deve haver um requerimento do Ministério Público. No entanto, se, com base nos documentos disponíveis, o tribunal considerar que o caso pode ser resolvido numa sessão pública, o tribunal acatará a moção do procurador.[19] Os procuradores particulares e os procuradores particulares substitutos não podem iniciar o processo com base na renúncia ao julgamento.

A segunda condição para o julgamento do caso numa sessão pública é que o processo tenha sido iniciado devido a uma infração penal punível com uma pena

[18] O tribunal remeteu o processo para julgamento se: (i) o tribunal detectou qualquer obstáculo ao procedimento especial; (ii) o arguido exerceu o seu direito de recusar prestar depoimento, mesmo depois de ter sido notificado pelo tribunal das consequências; (iii) surgiram dúvidas razoáveis quanto à capacidade jurídica do arguido ou quanto à credibilidade e à voluntariedade da confissão do arguido; (iv) o depoimento do arguido apresenta diferenças significativas em relação ao seu depoimento prestado durante o inquérito; (v) se afigurou que poderia ser estabelecida uma qualificação mais grave em relação à da acusação.

[19] Preâmbulo do Ministro ao ato: "Esta disposição não viola a independência judicial baseada no princípio da divisão de poderes e regulada nas secções 1 e 2 da Lei de Processo Penal, considerando que se o juiz não concordar com o tipo de sanção legal regulada na acusação ou se o juiz não concordar com a moção do Ministério Público relativamente à duração ou medida da sanção legal, então o juiz remete o caso para um julgamento e aplica as regras gerais no decurso da imposição da pena."

máxima de cinco anos de prisão. No entanto, a lei também especifica duas excepções a esta disposição: este processo especial pode ser conduzido contra qualquer arguido cooperante que tenha cometido a infração penal enquanto participante numa organização criminosa, mesmo que a infração penal cometida seja punível com mais de oito anos de prisão.

A terceira condição é a iniciativa do arguido. Por um lado, se o arguido confessar a sua culpa e renunciar ao seu direito a um julgamento, após ter sido notificado pelo Ministério Público e antes da apresentação da acusação oficial, o arguido tem o direito de solicitar que o seu caso seja julgado numa sessão pública. Por outro lado, no prazo de 15 dias a contar da entrega da acusação, o arguido que não tenha confessado durante o inquérito tem o direito de solicitar ao Ministério Público que apresente um requerimento para que o processo seja julgado em sessão pública. Se a acusação oficial tiver sido apresentada pelo Ministério Público contra o arguido por várias infracções penais, o Ministério Público só pode apresentar um pedido de realização de um procedimento especial se o arguido solicitar o julgamento de todas as infracções penais objeto da acusação numa sessão pública. Se estiverem envolvidos vários arguidos no processo, este pedido deve ser recebido de todos eles.

A quarta condição é que o arguido renuncie ao julgamento e faça uma confissão completa dos factos, que abranja também a sua culpa. De acordo com a Circular n.º 5/2000 do Procurador-Geral de Budapeste-Capital, não é considerada confissão a negação pelo arguido da sua culpabilidade ou a defesa substantiva que alegue qualquer motivo de isenção total de responsabilidade penal, embora admita os factos.

O Ministério Público pode notificar o arguido da possibilidade de prescindir do julgamento e das respectivas consequências se - desde que o arguido tenha apresentado um pedido nesse sentido - o Ministério Público concordar que o processo seja julgado numa sessão pública. Por conseguinte, o procurador não é obrigado a notificar esta oportunidade teórica a todos os arguidos em todos os processos.[20] No entanto, nada impede que a autoridade responsável pela investigação informe informalmente o arguido do conteúdo desta notificação. Independentemente da autoridade que procede à notificação, esta é obrigada a informar o arguido das consequências de direito substantivo (imposição de pena) e de direito processual (procedimento probatório restrito, âmbito limitado do direito de recurso) da renúncia ao julgamento.[21]

A aplicação do procedimento especial de dispensa de julgamento tornou-se

[20] Ugyeszsegi Emlekezteto az 1998. evi XIX. torveny alkalmazasanak egyes kerdeseirol (nota do Ministério Público sobre determinadas questões relativas à aplicação da Lei XIX de 1998), ponto 517

[21] Soos, op. cit., p. 1304

possível com base na Lei CX de 1999 a partir de 1st de março de 2000. Este procedimento especial - para além dos seus críticos - teve apoiantes de grande poder profissional desde a sua criação. Já na sua circular de 12th de setembro de 2000, o Procurador-Geral da capital Budapeste declarou que o recurso a este instrumento jurídico se justifica especialmente em processos relativamente complicados que, de qualquer forma, exigiriam um longo procedimento probatório - com a audição de muitas testemunhas - durante a fase judicial.[22] Se o procurador tiver de assistir apenas a uma sessão pública em vez de um julgamento que dure vários dias, a sua carga de trabalho diminui.[23] Por conseguinte, a aplicação do procedimento não exige que a definição legal do ato criminoso objeto da acusação seja simples. Além disso, de acordo com as orientações do Procurador-Geral: esta forma de procedimento não pode ser aplicada a casos simples em termos de clareza factual e jurídica e que não exijam procedimentos probatórios extensos, uma vez que, nesses casos, a aplicação de outros procedimentos especiais, a omissão do julgamento ou da acusação podem ser adequados.

De acordo com a resolução n.º Ig. 287/2001 do Gabinete do Procurador-Geral do Condado de Bacs-Kiskun, é obrigatório que os gabinetes do Procurador-Geral apliquem qualquer um dos procedimentos especiais nos casos considerados adequados para o efeito.[24]

No entanto, este instrumento legal nunca conseguiu ultrapassar o mágico rácio de meio por cento: - ao contrário da acusação e da omissão dos procedimentos de julgamento - a ocorrência de dispensa de julgamento é apenas indicativa, revelando tendências de estagnação.[25] Presumivelmente, foi por isso que o legislador percebeu que a regulamentação legal da dispensa de julgamento precisa de ser reformada.

2.1.3. O acordo escrito

A reforma consistiu na inovação da Lei LVXXXIII de 2009, que introduziu o

[22] Circular n.º 5/2000 do Procurador-Geral da capital Budapeste

[23] A grande maioria das sessões públicas teve uma duração entre meia hora e uma hora. Consequentemente, as sessões mais complicadas causaram uma carga de trabalho significativamente menor em comparação com os julgamentos com duração de vários dias, tanto para o tribunal como para o Ministério Público. Relatório de exame sumário sobre a aplicação, na comarca de Bacs-Kiskun, do procedimento especial de dispensa de julgamento previsto no Capítulo XVII/B da Lei de Processo Penal. Publicado por: Procuradoria-Geral da Comarca de Bacs-Kiskun B. 1666/2003.

[24] É muito provável que esta resolução esteja na origem do facto de, em 2002, os arguidos terem renunciado ao seu direito a um julgamento em 131 processos, dos quais 106 ocorreram na comarca de Bacs-Kiskun.

[25] Nos processos julgados por decisões conclusivas dos tribunais, as regras de dispensa de julgamento foram utilizadas por 0,45% dos arguidos em 2004, 0,43% em 2005, 0,44% em 2006 e 0,42% dos arguidos em 2007. Osszefoglalo jelentes a targyalasrol lemondas alapjan folytatott eljarasok torvenyessegenek vizsgalatarol. *(Relatório de síntese sobre a auditoria da legalidade dos procedimentos concluídos com base na renúncia ao julgamento)* Publicado por: Departamento de Processos Penais do Gabinete do Procurador-Geral. (Legfobb Ugyeszseg Buntetobirosagi Ugyek Foosztalya.). Bf. 389/2008. 2. p.

acordo escrito obrigatório. Através da alteração da lei de 2009, o instrumento jurídico foi renovado e - embora mantendo inalteradas as condições de aplicação da dispensa de julgamento - o legislador permitiu a celebração de um acordo escrito entre o arguido e o Ministério Público sobre a definição legal do facto criminoso, a qualificação da infração penal e, agora, também sobre os limites das sanções penais a impor pelo tribunal.[26]

Este acordo escrito pode ser interpretado como uma relação contratual, na qual as partes especificam mutuamente as suas "prestações" e "contrapartidas". E embora seja evidente que existem diferenças entre o sistema de regras do Código de Processo Civil e o Código de Processo Penal,[27] é indiscutível que os elementos consensuais e, por conseguinte, civilísticos passaram para o domínio do direito processual penal. A intenção fundamental do processo era criar um compromisso baseado num acordo entre o procurador que impõe a exigência de punição do Estado e o arguido que cometeu a infração penal, acordo esse que proporciona benefícios mútuos para ambas as partes. Como recompensa pela sua confissão, o arguido é punido com uma pena mais leve, enquanto o procurador do Ministério Público
O tribunal é dispensado de um longo e complicado procedimento probatório a realizar num julgamento.

Contudo, com base na prática de mais de dez anos do instrumento jurídico, pode concluir-se que - após a alteração de 2009 - este instrumento jurídico ainda não conseguiu cumprir o papel pretendido pelo legislador aquando da sua criação. É importante mencionar as diferenças de aplicação entre os condados, o que violou o princípio da igualdade perante a lei, uma vez que uma pessoa que cometesse uma falsificação de documento privado, por exemplo, no condado de Nograd ou Somogy, poderia ser objeto de um julgamento completamente diferente, uma vez que no condado de Somogy está excluída a utilização prática desta forma de procedimento especial, em comparação com qualquer pessoa que cometesse a mesma infração penal no condado de Bacs-Kiskun - que prefere a utilização desta forma de procedimento especial. Durante este período, a aplicação da dispensa de julgamento dependia evidentemente da atitude dos gabinetes do Ministério Público. Uma vez que a decisão

---

[26] Secção 47 da Lei LXXXIII de 2009

[27] Por exemplo, no Código de Processo Civil, prevalece geralmente a atividade do tribunal no decurso do julgamento, que incentiva a celebração de acordos, enquanto no Código de Processo Penal tal é da competência do Ministério Público; no Código de Processo Civil predomina o princípio da disposição das partes, enquanto no Código de Processo Penal prevalece o princípio da legalidade; no Código de Processo Civil, é suficiente a realização da justiça formal, enquanto o Código de Processo Penal visa a descoberta da verdade material; de acordo com as regras do Código de Processo Civil, é permitido um acordo extrajudicial em qualquer altura, enquanto a aprovação por um juiz é uma condição de validade para o acordo escrito especificado no Código de Processo Penal.

do procurador sobre a forma de procedimento a aplicar depende normalmente da sua carga de trabalho, na maioria dos casos não escolheram o procedimento cuja aplicação não tinha sido exemplificada anteriormente na sua área de competência.

Devido à organização hierárquica dos gabinetes do Ministério Público, a atitude dos procuradores é mais influenciada pelas medidas e ordens dos seus superiores. As disposições do Gabinete do Procurador-Geral do Condado de Bacs-Kiskun, que obrigam os gabinetes do Ministério Público a aplicar a disposição especial de dispensa de julgamento nos casos que considerem apropriados, promoveram obviamente o esforço para que os participantes no sistema judicial escolham a opção de julgamento mais simples nos casos que sejam apropriados para tal procedimento.

A nova regulamentação da renúncia ao julgamento deu, sem dúvida, um passo significativo no sentido do alargamento dos direitos das partes e do direito de disposição do arguido. O arguido podia contribuir ativamente para a seleção da forma do processo judicial e podia celebrar um acordo civil (quase contrato) com o Ministério Público, que incluía a descrição da infração penal que o arguido confessou, a sua classificação de acordo com o Código Penal, bem como a declaração das partes (Ministério Público e arguido) sobre o tipo, a extensão e a duração da pena (medida) que reconhecem. Simultaneamente, com o acordo, o tribunal ficou com um "campo de ação" relativamente pequeno para exercer o seu poder discricionário no decurso da imposição da medida da sanção. O papel do juiz concentrou-se, de facto, na aprovação do acordo, não estando sequer em posição de decidir no processo de seleção da forma de procedimento: tendo obtido a moção do Ministério Público, o juiz utilizou a forma de procedimento especial nos casos considerados adequados.

No entanto, a forma de processo especial em apreço não pode ainda ser considerada igual ao plea bargaining conhecido do sistema jurídico anglo-saxónico, no decurso do qual existe uma verdadeira negociação entre a acusação e a defesa, tanto no que diz respeito à definição legal do ato criminoso como à classificação legal. Nos sistemas jurídicos continentais, no âmbito da simplificação dos procedimentos, as infracções penais imputadas ao arguido não podem ser objeto de negociação. Por conseguinte, o consenso não diz respeito à acusação, mas à aplicação da forma de procedimento.[28]

A diferença fundamental entre a negociação da confissão e a renúncia ao julgamento é que, enquanto a primeira é iniciada pelo advogado ou pelo Ministério Público e o que o arguido pode receber em troca não está previsto na lei, a segunda

[28] KIRALY, Tibor: *Buntetoeljarasi jog. (Direito processual penal)*, Budapeste, 2001, p. 559

pode ser iniciada exclusivamente pelo arguido e a lei especifica exatamente a contrapartida a que o arguido tem direito em troca da confissão e da renúncia ao julgamento, ou seja, em que medida a pena pode ser reduzida. Outra diferença consiste no facto de o âmbito de aplicação do acordo não ser limitado, o que significa que é uma opção em caso de qualquer tipo de infração penal e que não existe um prazo para a notificação, enquanto a renúncia ao julgamento só é permitida se a infração penal cometida for punível com uma pena de prisão superior a oito anos e se o arguido tiver confessado.

É também de salientar que a aplicação da dispensa de julgamento não é obrigatória nem para o Ministério Público nem para o tribunal, mesmo que estejam preenchidas todas as condições. A confissão - ao contrário de outros instrumentos que simplificam e aceleram o processo (acusação, omissão de julgamento) - deve abranger não só a admissão dos factos, mas também da culpa.[29]

2.1.4. O regulamento atual

Poderá ter sido a excessiva influência dos elementos consensuais anglo-saxónicos que o legislador notou quando re-regulamentou o Capítulo XXVI do Código de Processo Penal através da Lei LXXXIX de 2011. A partir de 13th de julho de 2011, a alteração modificou as regras gerais da dispensa de julgamento (no caso de arguidos "não cooperantes") da seguinte forma (o *regulamento atualmente em* vigor):

Com exceção das infracções penais cometidas enquanto membro de uma organização criminosa, a dispensa de julgamento pode ser aplicada no caso de qualquer outra infração penal (no caso de infracções penais cometidas enquanto membro de uma organização criminosa, podem ser aplicadas as disposições relativas aos arguidos cooperantes).

Só têm direito a renunciar ao julgamento os arguidos que tenham feito uma confissão de facto que também se estenda à sua culpa antes do julgamento. Por conseguinte, o arguido que não tenha confessado durante o inquérito deixa de ter a possibilidade de renunciar ao julgamento após a conclusão do inquérito, mas o mais tardar no prazo de 15 dias a contar da entrega da acusação.

De acordo com as disposições de alteração mais significativas, no decurso da renúncia ao julgamento, o Ministério Público e o arguido não são obrigados a celebrar um acordo escrito e o Ministério Público é autorizado a apresentar um requerimento na acusação apenas no que diz respeito ao tipo de pena, mas não no que se refere à sua extensão. Se o Ministério Público apresentar um pedido de imposição de pena de prisão na acusação, a medida da mesma é especificada pelo tribunal em conformidade com a

[29] NAGY, op. cit. p. 247

subsecção (2) do artigo 87.º (cláusula de clemência) do Código Penal (nos termos da disposição anterior, era imposta em conformidade com o artigo 85.º/A do Código Penal e com o artigo 87.º/A do Código Penal).

No entanto, contrariamente às alterações acima referidas, mantém-se inalterado que, através da sua decisão proferida em sessão pública, o tribunal deve estabelecer um ato criminoso e uma classificação consistente com a acusação oficial e deve impor um tipo de pena ou aplicar o tipo de medida que corresponda aos iniciados na acusação. Outra disposição que se manteve inalterada é o facto de os procuradores particulares e os procuradores particulares substitutos não poderem iniciar um processo a ser conduzido de acordo com as regras de dispensa de julgamento, bem como o facto de o tribunal não poder indeferir acções cíveis.

As regras gerais alteradas não regulam se o procurador tem o direito de retirar a sua moção relativa à renúncia ao julgamento (artigo 536.º do Código de Processo Penal). A este respeito, poderia ser aplicável o parecer relevante do Gabinete do Procurador-Geral,[30] segundo o qual a subsecção (3) alterada do artigo 539.º da Lei de Processo Penal deve ser aplicada no caso de arguidos acusados nos termos da subsecção (1) do artigo 534.º da Lei de Processo Penal, o que significa que o procurador não tem o direito de retirar a sua moção relativa ao julgamento numa sessão pública, não só no caso de arguidos que colaboram, mas também em processos "gerais".

A alteração regeu a renúncia ao julgamento também no caso dos arguidos que colaboraram. Essencialmente, as disposições anteriores relativas à renúncia ao julgamento mantiveram-se, uma vez que o arguido colaborante e o Ministério Público devem celebrar um "acordo" e o desenrolar do processo é basicamente coerente com as regras anteriores. Por conseguinte, as infracções penais cometidas na qualidade de membro de uma organização criminosa (ponto 1 do artigo 459.º do Código Penal) servirão de base para a dispensa de julgamento exclusivamente no caso de arguidos que colaboraram. Neste caso, continua a existir a possibilidade de o arguido que não confessou durante o inquérito solicitar uma sessão pública ao Ministério Público após a conclusão do inquérito, mas o mais tardar no prazo de 15 dias a contar da entrega da acusação. No caso dos arguidos que colaboram, a pena é aplicada em conformidade com o artigo 85/A do Código Penal e o artigo 87/A do Código Penal, que foram alterados juntamente com as disposições da Lei de Processo Penal.

As regras gerais sobre a atuação do Ministério Público foram completamente suprimidas do Capítulo XXVI da Lei de Processo Penal alterada.

---

[30] NF. 4348/2001/22

As regras de atuação do tribunal foram alteradas no sentido de deixar de ser obrigatória a participação do procurador na sessão pública. Consequentemente, na ausência do procurador, cabe ao tribunal apresentar a acusação e o pedido de julgamento do processo numa sessão pública, bem como a proposta relativa ao tipo de pena ou medida e - no caso de acusações oficiais apresentadas contra arguidos cooperantes - também a proposta relativa à extensão e duração da pena ou medida. Embora pareça adequado que o Ministério Público participe sempre na sessão pública, não existe qualquer possibilidade legal de o tribunal obrigar a autoridade responsável pela ação penal a fazê-lo.

2.1.5. Problemas de prática jurídica

Um *dilema que se verifica na jurisdição* e que - para além dos já referidos - está na origem da rara aplicação da dispensa de julgamento é o facto de, de acordo com múltiplos critérios, parecer concorrer com outros procedimentos especiais destinados a acelerar os processos (omissão de julgamento, acusação), bem como com o instrumento jurídico da segurança.

As condições que precedem *a acusação* (procedimento sumário e acelerado) e a dispensa de julgamento são, em muitos aspectos, idênticas. Contudo, estas duas formas de procedimento pretendem promover os interesses relacionados com um sistema judicial mais rápido de formas completamente diferentes: no caso da acusação, após uma investigação rápida e simples, prevalece o procedimento judicial de acordo com as regras gerais, enquanto no caso da dispensa de julgamento, uma investigação efectuada de acordo com as regras gerais é seguida de um procedimento judicial simplificado. No entanto, os dois procedimentos podem acabar em posições antagónicas, pelo que pode ser importante para o procurador, ao fazer a sua escolha entre os dois procedimentos, que no decurso de uma acusação prevaleçam as regras gerais de imposição de penas, enquanto em caso de renúncia ao julgamento, prevaleçam os limites de pena especificados de acordo com a cláusula de clemência (diminuição do leque de penas no caso de um arguido cooperante).

A *omissão de julgamento* (decisão sancionatória) e a *dispensa de julgamento* apresentam igualmente algumas semelhanças: a aprovação do arguido é uma condição de ambas; ambas são aplicáveis apenas num grupo específico de casos; em ambos os casos, o tribunal tem uma margem de manobra limitada para impor a sanção. No entanto, a diferença reside no facto de que, enquanto no caso de omissão do julgamento, o arguido só toma conhecimento de que o seu caso foi julgado no âmbito de uma "decisão penal" posteriormente, após a emissão da decisão judicial, nesse caso o arguido tem um papel ativo de iniciativa na escolha da renúncia ao julgamento como forma especial de procedimento. A este respeito, a renúncia ao julgamento apresenta semelhanças com o instrumento jurídico da caução.[31]

2.1.6. A avaliação sumária da renúncia ao julgamento

O objetivo do procedimento especial regulado no Capítulo XXVI da Lei de Processo Penal - como já foi referido - é um compromisso entre o Ministério Público e o arguido, em que ambas as partes renunciam a direitos substanciais, com base em razões diferentes. De entre as duas partes, a situação do arguido é mais simples, uma vez que a confissão da prática de uma infração penal tem grandes probabilidades de resultar numa condenação, mesmo sem a aceitação de oportunidades de recurso restritas, pelo que os direitos do arguido são, na realidade, apenas ligeiramente limitados. A responsabilidade do Ministério Público é, no entanto, excecional, pois, enquanto executor da exigência de punição do Estado e tendo em conta os objectivos da pena, o Ministério Público deve decidir se, tendo em conta a confissão do arguido, a pessoa do arguido e a gravidade da infração penal, pode aceitar a omissão do procedimento probatório a realizar no julgamento e se a pena aplicável, tendo em conta a cláusula de clemência (diminuição da pena no caso de um arguido colaborante), é suficiente.

As diferenças decorrentes da atividade de deliberação do Ministério Público acima descritas estão na origem dos desequilíbrios nacionais evidenciados na aplicação do instrumento jurídico da dispensa de julgamento, assim como esta atividade de deliberação é também a explicação para que este instrumento jurídico não se tenha tornado e não possa tornar-se a forma determinante de julgamento dos processos contra arguidos que confessam ter cometido o ato.[32]

O relatório de síntese publicado pelo Procurador-Geral da República[33] salienta que a renúncia do Ministério Público ao julgamento de um reincidente, desde que a confissão do reincidente contribua de forma decisiva para a investigação da infração penal de gravidade substancial, proporcione a reparação do dano e coopere na simplificação de um procedimento probatório que se prevê moroso e exija a audição de um grande número de testemunhas. Além disso, um pedido de julgamento do caso em sessão pública pode ser justificado se, para tal, for necessário realizar uma diligência probatória especialmente longa e extensa, que exija a audição de um número significativo de testemunhas, bem como outros meios de prova, e se, com base nos

---

[31] Soos, op. cit., p. 1296

[32] Osszefoglalo jelentes a targyalasrol lemondas alapjan folytatott eljarasok torvenyessegenek vizsgalatarol. *(Relatório de síntese sobre a auditoria da legalidade dos procedimentos concluídos com base na renúncia ao julgamento)* Publicado por: Departamento de Processos Penais do Gabinete do Procurador-Geral. (Legfobb Ugyeszseg Buntetobirosagi Ugyek Foosztalya.) Bf. 389/2008. p. 5

[33] Ibid.

dados disponíveis, a realização dessa diligência probatória puder ter um resultado ambíguo (por exemplo, no caso de infracções penais cometidas em série). A aplicação das regras da renúncia ou do julgamento é igualmente adequada se a confissão do arguido, que se estende também à sua culpabilidade, tiver um significado excecional na investigação da infração penal de grande gravidade e se, sem a confissão, o procedimento probatório não estiver completo. Este instrumento jurídico pode também ser aplicado nos casos em que, para além da confissão e do arrependimento, o arguido tenha também restituído à vítima e, por qualquer razão, não tenha havido procedimento de mediação ou este esteja excluído de acordo com a respectiva regulamentação legal.[34]

3. Os participantes no Programa de Proteção

De acordo com a Lei LXXXV de 2001 relativa ao programa de proteção dos participantes em processos penais e das pessoas que colaboram com a justiça penal, a polícia assegura a proteção da testemunha, da vítima, do arguido, bem como dos familiares destas pessoas e, em consideração dos interessados, de outras pessoas, no âmbito de uma relação civil, nos termos do acordo celebrado com a pessoa ameaçada. A pessoa protegida testemunhou (ou pretende testemunhar) sobre um elemento importante de uma infração penal de especial gravidade, o seu testemunho favorece significativamente a investigação do ato criminoso e, presumivelmente, não pode ser obtido de outra forma; e a pessoa protegida está sob ameaça e a sua proteção não pode ser assegurada através dos meios tradicionais de proteção pessoal. A pessoa ameaçada celebra um acordo com a Unidade de Proteção de Testemunhas.

4. Elementos consensuais adicionais na Lei de Processo Penal

No entanto, para além destes instrumentos jurídicos (arguido cooperante; renúncia ao julgamento; programa de proteção), a Lei de Processo Penal inclui também outras oportunidades para simplificar e acelerar o processo com base no acordo das partes, apesar de as expressões "acordo", "acordo" e "cooperação" não constarem do regulamento húngaro.

Embora em parte das soluções que substituem o procedimento judicial o Ministério Público tenha o papel principal, a cooperação das partes também é crucial nestes casos (por exemplo, mesmo no caso de encerramento da investigação com repreensão do Ministério Público, o procedimento só é encerrado se o arguido não procurar qualquer recurso contra a repreensão do Ministério Público).

Além disso, a omissão parcial da acusação e o adiamento da acusação são medidas do Ministério Público que só devem ser aplicadas se o arguido não tiver apresentado queixa contra aqueles, enquanto o procedimento de mediação tem de ser

[34] Ibid 2008. p. 6

expressamente iniciado pelo arguido junto do Ministério Público; assim como a indemnização entre o arguido e a vítima também não pode ser imaginada sem o seu acordo prévio.

Há ainda soluções que conseguem simplificar e acelerar o processo penal, não por via da fuga à fase judicial, mas pelo encurtamento ou omissão significativa do julgamento principal. Por exemplo, o processo especial a ser conduzido sob a forma de acusação só ocorrerá se o arguido confessar, com o que o arguido praticamente admite que pode conseguir um julgamento mais rápido através da sua confissão. Do mesmo modo, um acordo tácito, um consenso está subjacente ao processo judicial conduzido com a omissão do julgamento.

A confissão - que é um elemento dominante do sistema de justiça penal contraditório - alcançou um papel de importância crescente também nos sistemas de justiça penal da Europa continental. A negociação da confissão e outras soluções destinadas a acelerar o processo são o resultado do acordo, do consenso das partes e, com esta prevalência, a exclusividade do julgamento tradicional, centrado nas provas, deixa de existir. Consequentemente - embora na Hungria os julgamentos continuem a ser dominantes - verifica-se uma certa mudança de ênfase para a fase de preparação do julgamento do processo penal e para a investigação. O modelo clássico - segundo o qual, durante a investigação, a autoridade responsável pela investigação (sob a supervisão do Ministério Público) investiga, reúne e regista os meios de prova e, depois de os ter reunido num processo, a autoridade responsável pela investigação apresenta-os ao Ministério Público (autoridade responsável pela acusação), que, com base na avaliação preliminar das provas, decide normalmente apresentar uma acusação oficial, cujo resultado é o julgamento - está a ser cada vez mais substituído por uma resolução de litígios única, baseada na cooperação entre as partes e que pode ser caracterizada pela omissão ou simplificação do julgamento principal. No decurso deste tipo de resolução de litígios, o princípio da igualdade de armas entre as partes e a exigência de um processo equitativo assumem uma importância acrescida.

Capítulo 2

II. O processo equitativo

No que se refere à prevalência do pensamento jurídico da Convenção Europeia dos Direitos do Homem: O artigo 6.º da Convenção Europeia dos Direitos do Homem, relativo ao direito a um processo equitativo (julgamento), pode ser considerado como o marco na evolução do processo penal húngaro. De acordo com este artigo, na determinação [...] de qualquer acusação criminal contra si, toda a pessoa tem direito a que a sua causa seja examinada equitativa e publicamente, num prazo razoável, por um tribunal independente e imparcial, estabelecido por lei. A sentença deve ser proferida publicamente, mas a imprensa e o público podem ser excluídos da totalidade ou de parte do julgamento, no interesse da moral, da ordem pública ou da segurança nacional numa sociedade democrática, quando o interesse dos menores ou a proteção da vida privada das partes o exijam, ou na medida do estritamente necessário, na opinião do tribunal, em circunstâncias especiais em que a publicidade possa prejudicar os interesses da justiça. O artigo 6.º estabelece igualmente que qualquer pessoa acusada de uma infração penal se presume inocente até que a sua culpabilidade tenha sido legalmente provada. Qualquer pessoa acusada de uma infração penal tem o direito de, pelo menos, ser informada sem demora, numa língua que compreenda e de forma pormenorizada, da natureza e da causa da acusação contra ela formulada. Deve ser assegurado que o arguido disponha de tempo suficiente e de meios para preparar a sua defesa. É essencial que o arguido possa defender-se pessoalmente ou por intermédio de um defensor da sua escolha ou, se não dispuser de meios suficientes para pagar a assistência de um defensor, que esta lhe seja prestada gratuitamente quando os interesses da justiça o exigirem. O arguido tem o direito de interrogar ou fazer interrogar as testemunhas de acusação e de obter a comparência e a inquirição de testemunhas em seu nome nas mesmas condições que as testemunhas de acusação. O arguido tem direito a ser assistido gratuitamente por um intérprete se não compreender ou não falar a língua utilizada no tribunal.

No decurso da codificação da Lei de Processo Penal húngara, de acordo com a proposta do Governo: "[...] o novo regulamento deve ser criado de modo a que, no que respeita aos interesses processuais que inevitavelmente se restringem uns aos outros, mas que não podem ser classificados de acordo com qualquer ordem, o princípio do processo equitativo universal sirva como principal ponto de referência". Assim, a doutrina do processo equitativo deve estar acima de tudo e, num Estado de direito democrático, é a exigência absoluta do processo penal fortificado por garantias. O padrão de exigências decorrentes do processo equitativo, as garantias processuais da pessoa sujeita ao processo: os direitos derivados da proibição de auto-incriminação, o direito de defesa e a presunção de inocência são as exigências incondicionais de garantia da justiça do Estado de direito húngaro sistema: estas garantias processuais penais não podem ser contornadas no decurso da ação penal e, na maioria dos casos, não podem sequer ser restringidas.[35]

A secção (1) do artigo XXVIII da Lei Fundamental da Hungria especifica o direito a um processo equitativo;[36] os direitos parciais relacionados com o processo equitativo podem ser deduzidos da interpretação desta secção. Trata-se, nomeadamente, dos seguintes direitos: o direito de recorrer a um tribunal independente e imparcial estabelecido por lei; a equidade do processo (que, no entanto, não garante necessariamente uma decisão justa); os requisitos de um processo público e da pronúncia pública da decisão judicial; bem como a decisão num prazo razoável. No que diz respeito ao processo penal, o direito de defesa também se insere aqui, e dele decorre o requisito da igualdade de armas. Além disso, os requisitos relacionados com o processo equitativo são a divisão das tarefas relacionadas com o processo e o princípio da acusação. De facto, estas garantias determinadas pelo processo equitativo incluem todas as condições específicas do direito a um tribunal.

O conteúdo do direito a um processo equitativo foi resumido pelo Tribunal Constitucional com significado de princípio na decisão do Tribunal Constitucional n.º 6/1998. (III. 11.). De acordo com esta decisão, o processo equitativo "é um fator de qualidade que só pode ser julgado tendo em conta a totalidade do processo e todas as suas circunstâncias. Por conseguinte, um processo pode ser desigual, injusto ou injusto, mesmo que lhe faltem certos pormenores ou que cumpra todas as regras pormenorizadas". [37] O Tribunal Constitucional estabeleceu igualmente que não existe qualquer necessidade que justifique uma limitação, mesmo que proporcional, do carácter equitativo de um processo; é no âmbito da noção de processo equitativo que deve ser estabelecido um conjunto de caraterísticas a fim de definir o seu conteúdo, devendo a necessidade/proporcionalidade de certas limitações ser avaliada nesse âmbito.[38] No âmbito do direito a um processo equitativo existem direitos específicos, que não podem ser restringidos; e existem os chamados direitos implícitos, ou seja, não especificados, cuja restrição parcial é permitida. Assim, o direito a um processo

---

[35] Decisão do Tribunal Constitucional n.º 34/ 2013. (XI. 22.), Fundamentação [43]

[36] "Todas as pessoas têm direito a que qualquer acusação contra elas formulada, ou os seus direitos e obrigações em qualquer litígio, sejam decididos num prazo razoável, num processo equitativo e público, por um tribunal independente e imparcial instituído por uma lei."

[37] Decisão do Tribunal Constitucional n.º 6/1998. (III. 11.), ABH 1998, 91, 95.

[38] ABH 2004, 241, 266.

equitativo é composto por numerosos direitos parciais especificados e não especificados, que não são em si mesmos exatamente definidos. No entanto, o Tribunal de Estrasburgo examina e avalia todo o processo. Nomeadamente, a restrição de certos elementos parciais não torna necessariamente o processo injusto, porque a falta pode ser compensada por outros elementos. Para além dos direitos parciais especificados e implícitos, outros factores poderiam são igualmente relevantes para a avaliação da qualidade do procedimento. Um destes factores é, por exemplo, a gravidade da sanção aplicada.[39]

1. O direito a um tribunal independente e imparcial

A aplicação do direito a um tribunal independente e imparcial, que constitui um elemento significativo do sistema de requisitos de um processo equitativo, é crucial para a proteção de outros direitos fundamentais constitucionais (por exemplo, a divisão das tarefas judiciais, o princípio da acusação). A independência e a imparcialidade do tribunal podem ser interpretadas exclusivamente em função uma da outra.

A independência e a autonomia do poder judicial baseiam-se no princípio constitucional da divisão dos poderes do Estado, especificado na secção (1) do artigo C da Lei Fundamental, segundo o qual um critério essencial dos Estados de direito democráticos é o facto de os poderes legislativo, executivo e judicial funcionarem separadamente. Nos termos dos n.ºs 1 e 2 do artigo 25.º da Lei Fundamental, os tribunais administram a justiça, no decurso da qual o poder judicial adopta decisões obrigatórias e definitivas sobre os direitos violados.

A regra constitucional da *independência judicial* está consagrada no n.º 1 do artigo 26.º da Lei Fundamental, segundo a qual "os juízes são independentes e só estão subordinados às leis; não podem receber instruções relativas às suas actividades judiciais". Estes requisitos garantem que um fórum neutro decide no respeito pelos direitos individuais das partes. Por outro lado, o tribunal independente e imparcial é um dos fundamentos mais importantes do funcionamento dos Estados de direito. Nomeadamente, nos Estados de direito democráticos, é inevitável que as decisões do tribunal tenham carácter obrigatório e definitivo. E o tribunal é capaz de cumprir estes requisitos se conduzir os seus procedimentos de forma independente e imparcial, em conformidade com as normas constitucionais do processo equitativo.[40]

A independência do poder judicial é um valor constitucional cuja efetivação deve ser assegurada por regras especificadas no que respeita, por um lado, à autonomia institucional-organizacional, financeira e decisória e, por outro, à independência de

---

[39] KISS, Anna: *A tisztesseges eljaras. (O julgamento justo)* Ugyvedvilag. 2015/12. p. 11

[40] Decisão do Tribunal Constitucional n.º 7/2013. (III. 1.), Fundamentação [24]

cada juiz. Tal como o Tribunal Constitucional estabeleceu, a independência organizacional do tribunal e a independência do estatuto dos juízes são duas das mais importantes garantias da independência do sistema judicial.[41] A independência institucional e pessoal do poder judicial são as garantias constitucionais da independência da administração da justiça, bem como de um processo judicial justo, que garante que, no processo judicial em litígios individuais, o juiz deve tomar a sua decisão com base exclusivamente nas leis e de acordo com a sua convicção pessoal, livre de quaisquer influências. Na ausência de uma justiça independente e imparcial, a aplicação dos direitos individuais será afetada. Por conseguinte, nos Estados de direito democráticos, a independência e a imparcialidade, que fazem parte integrante do requisito de um processo equitativo, constituem exigências constitucionais que devem ser aplicadas incondicionalmente.[42]

O procedimento imparcial do tribunal está estreitamente relacionado com o valor constitucional da independência: só um tribunal independente pode proceder de forma imparcial em casos individuais. Em comparação com o requisito de independência, a imparcialidade exige, por um lado, que o juiz que procede no processo não tenha preconceitos em relação ao processo a julgar e, por outro, que o juiz não possa ser parcial a favor ou em detrimento de nenhuma das partes que participam no processo.[43] Trata-se de uma exigência objetiva, não só em relação ao próprio juiz, à sua conduta e atitude, mas também em relação à regulamentação do processo: devem ser evitadas todas as situações que possam suscitar dúvidas quanto à imparcialidade do juiz.[44]

O ponto de partida do Tribunal Europeu dos Direitos do Homem (TEDH) baseia-se no facto de a aplicação da imparcialidade ser um elemento crucial da confiança do público, cuja representação nas sociedades democráticas é uma das principais obrigações do poder judicial. De acordo com o TEDH, a falta de aplicação ou de aplicabilidade da imparcialidade implica o perigo de uma tomada de decisão arbitrária, que não está em conformidade com o requisito de um processo equitativo especificado no n.º 1 do artigo 6.º da Convenção.[45] No entender do TEDH, em termos gerais, significa a ausência de preconceitos e parcialidade, para cuja avaliação o Tribunal criou o teste objetivo e subjetivo da imparcialidade. No decurso do teste

[41] Para mais pormenores, ver a decisão do Tribunal Constitucional n.º 33/2012. (VII. 17.), Fundamentação [72] - [81]
[42] Decisão do Tribunal Constitucional n.º 34/2013. (XI. 22.), Fundamentação [28]
[43] Decisão do Tribunal Constitucional n.º 34/2013. (XI. 22.), Fundamentação [27]
[44] Decisão do Tribunal Constitucional n.º 67/1995. (XII. 7.), ABH 1995, 346, 347.
[45] Decisão do Tribunal Constitucional n.º 25/2013. (X. 4.), Fundamentação [27]

subjetivo, o TEDH avalia a parcialidade pessoal e a convicção pré-determinada do juiz demonstrada no caso em questão: no caso em questão, nenhum membro do tribunal deve ter preconceitos ou ser parcial. O teste objetivo examina se o regulamento processual oferece garantias suficientes para evitar todas as situações que possam suscitar dúvidas objectivas em relação à imparcialidade, ou seja, para além do comportamento demonstrado pelo juiz no processo em causa, poderia surgir qualquer outra dúvida justificada em relação à sua imparcialidade. No que diz respeito à imparcialidade, a impressão externa também desempenha um papel significativo, porque a perda de imparcialidade implica o risco de comprometer a confiança do público no funcionamento e na decisão dos tribunais. Nos casos em que surge a dúvida sobre a imparcialidade do juiz, embora a dúvida da pessoa sujeita ao processo também seja importante, a circunstância que tem um significado crucial é ainda a de saber se essa dúvida pode ser justificada por aspectos objectivos, ou seja, se é a impressão da imparcialidade do juiz que se torna duvidosa.[46] Consequentemente, o juiz não só tem de julgar objetivamente, como também é sua tarefa manter a impressão de justiça imparcial.[47]

A imparcialidade tem um papel crucial no estabelecimento e reforço da confiança do público nos tribunais.[48] A exigência da sua aplicação é mais preponderante nos processos penais, uma vez que a condenação definitiva e executória significa a refutação da presunção de inocência e o sistema de sanções do direito penal, que tem um carácter de retaliação, restringe severamente os direitos fundamentais do condenado.[49] A aplicação do requisito de imparcialidade é - entre outros - garantida pelas regras de exclusão especificadas na Lei de Processo Penal. [50] De acordo com o Tribunal Constitucional, para o cumprimento do requisito de imparcialidade estipulado pela Lei Fundamental, a regulamentação jurídica deve promover eficazmente o julgamento imparcial dos processos penais através das regras de exclusão e, ao mesmo tempo, deve ser capaz de impedir a utilização abusiva do instituto da exclusão.[51] Por conseguinte, a falta de imparcialidade no julgamento do processo penal e a violação das disposições de exclusão violam tão gravemente uma das garantias do processo penal constitucional que podem afetar de forma crucial não só o resultado do processo específico, mas também abalar a confiança do público no sistema judicial e a reputação

[46] Ver: Piersack contra Bélgica (Pedido nº 8692/79; acórdão de 1 de outubro de 1982.
[47] Decisão do Tribunal Constitucional n.º 67/1995. (XII. 1.), ABH 1995, 346, 347; Decisão do Tribunal Constitucional n.º 17/2001. (VI.1.), ABH 2001, 222.
[48] Decisão do Tribunal Constitucional n.º 34/2013. (XI.22.),Fundamentação[32]
[49] Decisão do Tribunal Constitucional n.º 34/2013. (XI.22.),Fundamentação[48]
[50] Decisão do Tribunal Constitucional n.º 34/2013. (XI.22.),Fundamentação[30]
[51] Decisão do Tribunal Constitucional n.º 25/2013. (X. 4.), Fundamentação [32]

do tribunal. Por esta razão, é necessário aplicar, tanto no que diz respeito ao ambiente regulamentar como em casos específicos, o padrão estrito segundo o qual, para além da adjudicação imparcial dos casos, o tribunal também não deve perder a impressão de imparcialidade.[52]

Em relação à imparcialidade, o Tribunal Constitucional húngaro examinou o papel desempenhado pelo juiz antes do julgamento, especificamente se, na fase de preparação da acusação do processo penal, o juiz que desempenha tarefas de juiz de instrução (o juiz que assume múltiplos papéis) poderia suscitar dúvidas quanto à imparcialidade do juiz.[53] A opinião do TEDH sobre esta questão é inequívoca: a participação desse juiz no julgamento que decidiu sobre a questão da suspeita razoável está agora rodeada pela dúvida de imparcialidade.[54]

De acordo com a avaliação do Tribunal Constitucional, o requisito de imparcialidade reconhecido na Secção (1) do Artigo XXVIII da Lei Fundamental exige que o juiz que tomou uma decisão sobre a questão da prorrogação da prisão preventiva de acordo com as leis em vigor não participe também no julgamento. O conhecimento prévio de dados adicionais não utilizados como prova no decurso do julgamento pode também pôr em causa a imparcialidade do juiz que julga, ou seja, o julgamento do processo penal sem imparcialidade.[55]

2. O princípio da divisão de funções

O *princípio da divisão de funções*, ou seja, nos processos penais, a acusação, a defesa e a sentença devem ser funções distintas (também no que diz respeito ao pessoal), está estreitamente relacionado com o direito a um processo equitativo. A separação das funções da justiça é, de facto, uma condição prévia para a aplicação do "processo equitativo".[56] Tal como o Tribunal Constitucional estabeleceu, a separação das funções do Ministério Público e do tribunal significa não só um cumprimento formal das regras relativas à apresentação de acusações e à representação do Ministério Público, mas [...] "tem também um peso significativo no que diz respeito à legalidade do conteúdo das acusações. As regras processuais pormenorizadas sobre as actividades dos juízes e dos magistrados do Ministério Público, a definição das obrigações impostas aos participantes no processo, bem como os direitos que lhes são conferidos, têm uma importância fundamental no que diz respeito à exigência de um processo

---

[52] Decisão do Tribunal Constitucional n.º 25/2013. (X. 4.), Fundamentação [38]

[53] Decisão do Tribunal Constitucional n.º 34/2013. (XI. 22.)

[54] Ver: Hauschmildt v. Dania (Pedido n.º 10486/83; acórdão de 24 de maio de 1989), n.ºs 50 -52

[55] Decisão do Tribunal Constitucional n.º 34/2013. (XI. 22.), Fundamentação [52]

[56] MEZOLAKI, Erik: *A funkciomegoszlasrol, kulonos tekintettel a vadloi es biroifeladatokelkulonuleserol. (A divisão das funções, nomeadamente a separação das tarefas do procurador e do juiz)* www. jogiforum.hu 24th agosto 2014 [Data de transferência: 9th julho 2015]

equitativo. A criação de uma possibilidade de "permeação" [...] põe em causa a legalidade do conteúdo da acusação, violando assim a exigência de um processo equitativo."[57]

Na Hungria, a divisão das tarefas processuais especifica claramente as tarefas a realizar no decurso do processo penal, e a Lei do Processo Penal torna igualmente clara a separação pessoal destas funções. Segundo *Kiraly,* este princípio significa a independência das acções processuais fundamentais levadas a cabo pelos sujeitos do processo: a independência das funções de acusação, defesa e sentença no âmbito do processo penal, bem como a separação, também no que diz respeito ao pessoal, destas três actividades fundamentais do processo penal, o que resulta igualmente na divisão do poder penal entre o Ministério Público e o tribunal.[58] Tal como o Tribunal Constitucional estabeleceu: "O conceito teórico abstrato de separação dos lados da acusação, da defesa e do julgamento torna-se uma norma na Lei de Processo Penal, ao prever regras específicas que atribuem direitos e obrigações concretos aos tipos específicos de responsabilidades processuais e ao definir as regras de competência, jurisdição, incompatibilidade e exclusão relacionadas com a função em causa. Outras disposições da Lei de Processo Penal estabelecem os limites dentro dos quais os tribunais e o Ministério Público desempenham as funções que lhes são atribuídas, especificando os instrumentos que podem utilizar no exercício dos direitos e obrigações processuais concretos."[59]

A divisão das tarefas processuais garante que os sujeitos que procedem nas fases posteriores do processo penal possam controlar a atividade dos sujeitos que procederam mais cedo (a legalidade e a substancialidade da mesma); bem como que o arguido e o advogado possam beneficiar de uma vasta gama de direitos processuais. O mesmo princípio garante uma divisão adequada do trabalho entre as autoridades que actuam nos processos penais.[60]

No entanto, existem sobreposições, quando o juiz ou o procurador desempenham igualmente funções de quase defesa, por exemplo, na ausência de um advogado, o juiz deve notificar o arguido dos seus direitos no processo; o procurador é obrigado a explorar as circunstâncias atenuantes e desculpantes. No entanto, a resposta à questão de saber se o juiz é obrigado a contribuir para a criação da acusação legal ou se deve facilitar a disponibilização dos meios de prova no julgamento - em

[57] Decisão n.º 14/2002 do Tribunal Constitucional. (III. 20.)

[58] KIRÄLY, Tibor: *Büntetöeljäräsi jog. (Direito processual penal).* Osiris Kiado (editor). Budapeste, 2003. p. 120

[59]Decisão n.º 14/2002 do Tribunal Constitucional. (III. 20.)

[60] CSEKA, Ervin - FANTOLY, Zsanett - KÄROLYI, Judit - LÖRINCZY, György - VIDA, Mihaly: *A büntetöeljäräsi jog alapvonalai I. (As grandes linhas do direito processual penal)* Baba es tarsa Kiado (editor). Szeged, 2006, p. 64

termos práticos, em que medida o juiz deve prestar uma ajuda efectiva ao Ministério Público no cumprimento das suas tarefas especificadas na lei - ainda hoje não é clara.

O tribunal - para além da proibição da penetração de funções - procede com base numa acusação legal. A acusação é legítima se tiver sido apresentada por uma pessoa autorizada para o efeito (procurador, procurador particular, procurador particular substituto) e se incluir um pedido fundamentado ao tribunal para que seja apurada a responsabilidade penal da pessoa exatamente especificada na acusação devido ao ato cometido e também especificado na acusação. O tribunal, embora se mantenha no âmbito da acusação legal, mas também com a obrigação de esgotar completamente o seu conteúdo, deve esforçar-se por esclarecer o ato criminoso de forma completa e exaustiva e de acordo com os factos reais.[61] A este respeito, o Tribunal Constitucional tem afirmado, em múltiplas decisões,[62] que a Constituição/Lei Fundamental não confere um direito à aplicação da justiça material e não garante a exclusão de decisões judiciais ilegais. Estes são os objectivos e os deveres do Estado de direito, para cuja realização deve criar as instituições adequadas - principalmente as garantias processuais - e garantir os direitos em causa.

Assim, o ato constitucional confere o direito a um processo suficiente - e na maioria dos casos adequado - para a aplicação da justiça material. Assim, embora o tribunal se esforce por encontrar a verdade objetiva e por explorar a matéria de facto completa e verdadeira, só o fará dentro dos quadros previstos na lei. E os princípios e garantias processuais (entre outros, a divisão de funções) são os que dão conteúdo a esses quadros legais. Por esta razão, a obrigação de provar a acusação continua a ser do acusador e, a menos que o procurador o solicite, o tribunal não é obrigado a obter e a examinar os meios de prova que sustentam a acusação.

A questão mais significativa do direito processual húngaro é o conflito entre a obrigação de explorar as questões de facto e a divisão de funções, que resulta do facto de, na ausência de uma atividade de acusação inexequível, o tribunal ser forçado a ser ativo. Por conseguinte, de acordo com as regras processuais em vigor: por um lado, o juiz deve esforçar-se por explorar as questões de facto de forma exaustiva e completa e, por outro lado, no decurso deste processo, o juiz não é obrigado, mas tem o direito de obter as provas que sustentam a acusação. Tal como estabelecido no parecer n.º

[61] Ao utilizar a expressão "esforçar-se-ão", a Lei de Processo Penal expressa que a procura da justiça material não é um requisito claro para os tribunais. Por conseguinte, o conceito de justiça da lei processual húngara é duplo: embora os tribunais devam esforçar-se por encontrar a verdade material, devido ao monopólio da justiça do tribunal e à caraterística normativa da prova, este carácter é duplo até hoje.

[62] Decisão do Tribunal Constitucional n.º 14/2002; Decisão do Tribunal Constitucional n.º 49/1998; Decisão do Tribunal Constitucional n.º 9/1992

1/2007 do Departamento Penal da Cúria da Hungria (o antigo Supremo Tribunal) sobre a interpretação de determinadas disposições da Lei XIX de 1998: "a alteração introduzida pela Lei de Processo Penal não significa que, na ausência de uma moção do acusador, o tribunal não possa obter e examinar quaisquer provas agravantes, mas apenas que o tribunal não é obrigado a fazê-lo. Consequentemente, o tribunal não pode sequer ser obrigado a examinar as provas agravantes. Consequentemente, o tribunal nem sequer pode ser obrigado a fazê-lo e não pode ser responsabilizado". Alguns autores vão mais longe e afirmam que, em vez de estipular que o tribunal "não é obrigado" a sustentar a acusação ex officio, as disposições relevantes da lei devem estipular não isso, mas que o tribunal "não tem o direito" de o fazer. Na nossa opinião, apenas uma disposição com este conteúdo estaria em conformidade com o princípio da divisão de funções, bem como com o princípio da ação penal e com o objetivo de encontrar a justiça material dentro dos limites legais.[63]

Se o tribunal não for autorizado a obter meios de prova agravantes nem exculpantes, então o juiz fica claramente liberto do ónus da obrigação de investigar as questões de facto. Em comparação com esta solução extrema, uma regulamentação mais orientada para o compromisso poderia consistir em o tribunal ser autorizado a obter meios de prova que apoiem a acusação apenas a pedido do Ministério Público, enquanto os meios de prova exculpatórios poderiam ser obtidos mesmo ex officio. Esta regra poderia ser uma representação adicional do princípio *favor defensionis*, na medida em que exigiria a reconsideração da acusação legal e da limitação da acusação. Nomeadamente, se não for permitido ao juiz obter oficiosamente a prova agravante, colocar-se-á gradualmente a seguinte questão: Em que medida pode o juiz afastar-se da matéria de facto constante da acusação ou, por outras palavras: deve o juiz julgar a acusação ou a matéria de facto estabelecida?

Note-se que o Tribunal Constitucional já analisou o princípio da divisão das tarefas processuais, tendo afirmado no Acórdão do Tribunal Constitucional n.º 14/2002 (III.20) que "a execução da pretensão punitiva do Estado é uma obrigação constitucional do Ministério Público, que deve suportar os riscos de não execução por qualquer incumprimento relacionado com a sua conduta profissional. O interesse em reduzir tais riscos nunca poderá ser mais forte do que o respeito do direito a um processo equitativo. No entanto, este último depende de uma divisão clara entre as

[63] MEZOLAKI, Erik: *A funkciomegoszlasrol, kulonos tekintettel a vadloi es biroifeladatokelkulonuleserol. (A divisão das funções, nomeadamente a separação das tarefas do procurador e do juiz)* www. jogiforum.hu 24th agosto de 2014 [Data de transferência: 9th julho de 2015]; BICZO, Laszló: *Biroi felelosseg contrapartatlan biro? (A bizonyitasi teher dilemmai a magyar buntetoeljarasban.) [Responsabilidade judicial versus juiz imparcial? (As questões do ónus da prova no processo penal húngaro)]* Manuscrito.

funções processuais; e [...] na relação entre o Ministério Público e o tribunal, é um requisito básico que, durante os procedimentos concretos, nem a independência e a imparcialidade dos juízes, nem a essência inerente ao monopólio do Ministério Público sejam questionáveis. [A divisão entre as funções de acusação e de administração da justiça é uma condição básica para a exigência de um julgamento justo."[64]

No decurso da análise da constitucionalidade da legislação relativa aos procedimentos probatórios ordenados ex officio, o Tribunal Constitucional considerou que o facto de o juiz ordenar que o procedimento probatório seja ordenado ex officio durante o julgamento pode conduzir à inocência do arguido, ou seja, à obtenção de provas que apoiem a defesa, tanto quanto pode conduzir à justificação da acusação. Relativamente a esta questão, o parecer n.º 1/2007 do Departamento Penal da Cúria da Hungria salienta que o tribunal não tem o direito de ordenar ao Ministério Público que apresente um pedido de provas de apoio à acusação, porque assim o tribunal exerceria a função de acusador. No entanto, outro problema é o facto de a lei permitir que o tribunal obtenha meios de prova sem o pedido do Ministério Público, ex officio (o tribunal tem o direito de realizar uma atividade de investigação quase derivada). Em comparação com o direito de ordenar a apresentação de um requerimento, o direito de decidir sobre a obtenção efectiva dos meios de prova constitui um direito adicional e viola claramente o princípio da divisão de funções. Uma vez que o tribunal só é obrigado a tomar decisões relativamente aos requerimentos de produção de prova que tenham sido apresentados, e o próprio tribunal não é obrigado a realizar um procedimento probatório ex officio.

Assim, em princípio, o legislador húngaro não renuncia à exigência de investigar a justiça material (não incluindo o papel acrescido das confissões em procedimentos especiais), mas, tendo em conta o princípio da divisão de funções, o legislador atribui ao juiz certas tarefas relacionadas com a apresentação da acusação e com a eficácia da ação penal. Por conseguinte, tendo em conta as exigências constitucionais de independência e imparcialidade, o legislador "aliviou" a obrigação do juiz de investigar completamente a matéria de facto, na medida em que - na ausência de uma moção relevante - o tribunal pode omitir a obtenção dos meios de prova que apoiam claramente a acusação exclusivamente. Daqui decorre também que o tribunal não viola a lei ao ordenar oficiosamente a obtenção desses meios de prova. Assim, na prática, pode acontecer que um juiz que procede a um determinado processo não conduza oficiosamente a diligência probatória necessária para investigar a matéria de facto (pois

[64] Decisão do Tribunal Constitucional n.º 14/2002 (III.20)

não está obrigado a fazê-lo), enquanto pode haver um juiz que conduza oficiosamente a diligência probatória, o que pode dar origem a sentenças diferentes no mesmo processo.[65] A razão subjacente a esta situação é que, caso a caso, e juiz a juiz, as partes têm opiniões diferentes quanto aos limites do papel judicial ativo, e a interferência do juiz leva a uma participação única e individual, que não facilita a uniformização da jurisprudência.[66] Este facto é, sem dúvida, contrário à exigência de um processo penal regulamentado.

Deve notar-se aqui que a antiga Lei de Processo Penal (Lei I de 1973), que esteve em vigor durante quase trinta anos, obrigava o tribunal a notificar o Ministério Público se os dados do processo dessem origem a uma acusação contra outra pessoa e devido a uma infração penal estreitamente relacionada com o ato que tinha sido objeto da acusação. As disposições em causa foram anuladas pelo Tribunal Constitucional através da Decisão 4/2002 do Tribunal Constitucional. (III. 20.) AB, com o argumento de que o direito e a obrigação prescritos para os tribunais num âmbito alargado no que diz respeito à "chamada de atenção" também significa que o tribunal pode obter uma influência significativa sobre a ação penal, o que lhe permite alargar antecipadamente o âmbito da ação penal de acordo com as suas próprias ideias. A transferência parcial dos direitos de ação penal do Ministério Público resulta numa mudança do conceito de juízes imparciais para procuradores-juízes, ao passo que a aproximação preliminar das acusações às expectativas do tribunal não acarreta qualquer risco para o Ministério Público. Com base na anterior disposição legal inconstitucional relativa à extensão da acusação, o Tribunal Constitucional observa que: "[...] as regras processuais pormenorizadas sobre as actividades dos juízes e dos magistrados do Ministério Público, a construção das obrigações prescritas para os participantes no processo, bem como os direitos que lhes são conferidos, têm uma importância fundamental no que diz respeito à exigência de um processo equitativo. A criação de uma possibilidade de "permeação" entre as funções processuais [...] põe em causa a legalidade do conteúdo da acusação, violando assim a exigência de um processo equitativo."[67]

Na literatura jurídica húngara, *Balazs Geller* expressou a sua opinião sobre esta questão, afirmando que "a correção de violações e omissões da lei cometidas durante

---

[65] BICZÔ, Laszlo: *Birôi felelôsség contra pàrtatlan birô? (A bizonyitàsi teher dilemmài a magyar büntetôeljàràsban.) [Responsabilidade judicial versus juiz imparcial? (As questões do ónus da prova no processo penal húngaro)]* Manuscrito.

[66] FANTOLY, Zsanett: *Egy alkotmànybirôsàgi hatàrozat (III/2045-6/2012.) margôjàra, avagy a biroi szerepvàllalàs aktiv vagy passziv voltcirôl. (Comentários sobre uma decisão do Tribunal Constitucional (III/2045-6/2012.), ou o carácter ativo ou passivo da participação dos juízes)* In: Harangozo, Attila (editor.): Dr. Maraz Vilmosné emlékkonyv. *(Livro de memórias do Dr. Maràz Vilmosné)* Tribunal Regional de Recurso de Szeged. Szeged, 2013. pp. 32 - 35

[67] Acórdãos do Tribunal Constitucional ABH1. ABH 2002, 101, 110.

a fase de investigação ou de acusação não pode ser o objetivo do processo judicial".[68] Concordamos com esta opinião, com a ideia de que o custo da aceleração do processo atualmente na ordem do dia não deve ser a renúncia à justiça, e que só devemos procurar melhorar a eficiência do processo penal através do aperfeiçoamento dos instrumentos legais que servem a justiça processual e que estão regulamentados na Lei de Processo Penal.

3. O princípio da ação penal

O *princípio da ação penal,* estreitamente ligado ao sistema de garantias processuais previsto no artigo XXVIII da Lei Fundamental, é constituído por vários elementos parciais: por um lado, a fase judicial do processo penal é desencadeada pela acusação; por outro lado, o tribunal está vinculado à acusação, ou seja, a acusação determina os quadros do processo. Por último, o princípio da acusação está igualmente ligado ao princípio da divisão de funções: no decurso do processo penal, as funções de contencioso (acusação, defesa, justiça) devem funcionar exclusivamente de forma separada. Por conseguinte, o princípio da acusação é uma condição essencial para a aplicação efectiva do sistema de garantias processuais previsto no artigo XXVIII da Lei Fundamental.[69]

Por conseguinte, o princípio da ação penal é essencialmente um elemento da divisão das funções processuais. Por conseguinte, o tribunal deve proceder exclusivamente com base numa acusação legal, estando vinculado a ela: o tribunal só pode decidir sobre a responsabilidade penal das pessoas contra as quais foram deduzidas acusações e apenas em relação aos actos incluídos na acusação. O tribunal deve esgotar a acusação, mas não pode ir além dela. As acusações devem ser apresentadas e representadas exclusivamente por procuradores autorizados a apresentar acusações e o procurador pode instaurar o processo penal contra o infrator exclusivamente através do tribunal. Só o tribunal tem o direito de estabelecer a responsabilidade penal por uma infração penal e de impor uma pena. O ónus da prova da acusação cabe ao acusador, enquanto o arguido tem o direito de defesa: pode defender-se pessoalmente ou através de um advogado. Além disso, as autoridades que procedem aos processos penais devem prever a possibilidade de defesa nos termos da lei.

A acusação é legal se a pessoa autorizada a deduzir acusação der início a um

---

[68] GELLÉR, Balazs Jozsef: *A vad torvényességének aspektusai. (Os aspectos da legalidade da acusação).* In (editor): Belovics, Ervin - Tamasi, Erzsébet - Varga, Zoltan) Orokség és büntetojog. Emlékkonyv Békés Imre tiszteletére. *(Legado e direito penal. Livro de memórias em homenagem a Imre Békés)* PPKE ÀJK.*(Faculdade de Direito e Ciências Políticas da Universidade Católica Pazmany Péter)* Budapeste, 2011. p. 461

[69] Decisão do Tribunal Constitucional n.º 33/2013. (XI. 22.), Fundamentação [15]

processo judicial contra uma pessoa descrita com precisão devido à sua ação que viola o ato criminoso. A definição da legalidade da acusação especifica os critérios mínimos que devem ser preenchidos para que o processo judicial possa ter início. A acusação que satisfaz estes critérios serve a aplicação do princípio da ação penal e, por conseguinte, a separação mais completa entre a função de acusação e a função judicial. No entanto, o facto de a Lei de Processo Penal não regular as consequências do arquivamento do processo com base na falta de acusação legal, incluindo a falta de apresentação reiterada de acusações, cria uma situação inconstitucional. Nomeadamente porque a eventual apresentação de novas acusações pode conduzir a um prolongamento injustificado do processo penal, o que não cumpre os requisitos do direito a um processo equitativo.[70]

4. O direito à defesa

No que diz respeito ao *direito de defesa*, o Tribunal Constitucional estabeleceu na decisão do Tribunal Constitucional n.º 25/1991. (V.18.): "O princípio constitucional processual penal do direito de defesa materializa-se em inúmeras disposições parciais ao longo de todo o processo. O direito de defesa concretiza-se nos direitos da pessoa sujeita ao processo penal e nas obrigações das autoridades que garantem que o arguido tem a oportunidade de tomar conhecimento do pedido de direito penal que lhe é dirigido, pode apresentar a sua opinião sobre o mesmo, citar os seus argumentos contra o pedido, apresentar as suas observações e moções relacionadas com a atividade das autoridades, bem como garantir que o arguido recorre à assistência de um advogado. Estes direitos processuais do advogado e o direito de defesa, bem como as obrigações das autoridades que permitem que o advogado forneça defesa, constituem o conteúdo do direito de defesa."[71]

A decisão do Tribunal Constitucional n.º 6/1998. (III.11.) inclui as seguintes conclusões: "O arguido tem o direito de se defender a si próprio e de recorrer aos serviços de um advogado de defesa por si livremente escolhido (cujos custos serão, em casos específicos, suportados pelo Estado). Uma consideração dos aspectos constitucionais do direito de defesa só pode basear-se na perspetiva conjunta dos direitos do arguido e do advogado de defesa."[72]

A Lei de Processo Penal regula a participação do advogado, normalmente de forma facultativa, no entanto, em certos casos (por exemplo, se o arguido for deficiente ou se a gravidade da infração penal o justificar) a participação do advogado no processo

---

[70] Decisão do Tribunal Constitucional n.º 33/2013. (XI. 22.), a opinião divergente do juiz do Tribunal Constitucional Miklos Levai

[71] Decisão do Tribunal Constitucional n.º 25/1991 (V 18)

[72] Decisão n.º 6/1998 do Tribunal Constitucional. (III.11.)

penal é obrigatória. Neste caso, se o arguido não tiver advogado autorizado, a autoridade responsável pelo processo deve nomear um advogado em todas as fases do processo.

No caso de ser obrigatório um advogado de defesa, a não atribuição de um advogado constitui uma restrição substancial dos direitos do arguido.[73] No caso de ser obrigatório o patrocínio de um advogado, a falta de atribuição de um advogado constitui uma restrição substancial dos direitos do arguido, de tal forma que o testemunho prestado pelo arguido durante o seu interrogatório efectuado sem advogado não pode ser avaliado como prova.[74]

[73] Jurisprudência penal n.º BH 200. 402.
[74] Jurisprudência penal n.º BH 200. 402.

Capítulo 3

III. A harmonização da legislação

No que diz respeito à convergência das legislações penais nacionais com base nos esforços de harmonização da União Europeia, a adesão à região de "liberdade, segurança e justiça" revelou-se um enorme desafio para a Hungria, não só em termos de reconhecimento de valores comuns, mas também no que diz respeito ao desenvolvimento de uma proteção comunitária eficaz dos mesmos. Hoje em dia, a harmonização do processo penal continua a desenvolver-se e a avançar; na legislatura húngara, é cada vez mais evidente que o "direito penal supranacional" não pode ser ignorado e evitado. A convergência dos sistemas processuais penais dos vinte e oito Estados Membros não pode ser finalmente concluída enquanto não existir uma União Europeia organizada segundo valores comuns.

Inicialmente, a causa principal dos esforços de harmonização foi a ação contra a criminalidade organizada na UE e, em especial, a luta contra as fraudes orçamentais. Foi a primeira vez que a UE, na sequência da sua formação em 1993 e do estabelecimento do mercado interno único (europeu), se viu confrontada com a inevitabilidade da aplicação de um conjunto de instrumentos de direito penal que não tem em conta as fronteiras nacionais, quando a atenção se centrou na violação significativa - 7-10% do orçamento em vigor, mas até 20% segundo alguns autores - dos interesses financeiros da Comunidade Europeia. Mais tarde, a garantia do funcionamento ininterrupto das instituições supranacionais criadas: a Europol e a Eurojust, e a criação de uma proteção universal e eficaz do direito penal dos cidadãos europeus tornaram-se duas das prioridades. As medidas comuns relativas ao direito processual penal, por exemplo, o reconhecimento mútuo das provas, a assistência judiciária processual, o mandado de captura europeu, bem como a proteção da Comunidade contra a fraude, o OLAF, reforçaram a aproximação dos processos penais nacionais.

1. Direito primário e direito derivado

Por conseguinte, a base da harmonização das legislações decorre do *Tratado* de *Maastricht* de 1992 *e do estabelecimento do "terceiro pilar"*, que institucionalizaram o nível intergovernamental de cooperação no domínio da justiça e dos assuntos internos. Embora o Tratado de Maastricht não tenha definido especificamente o conceito de justiça e assuntos internos, o artigo K.1 do Capítulo VI do Tratado enumerou os domínios de interesse comum relativamente aos quais os Estados-Membros realizam negociações intergovernamentais. Entre estes domínios, os mais significativos do ponto de vista do direito processual penal são os seguintes:

cooperação judiciária em matéria penal; cooperação policial no domínio da luta contra o terrorismo, o tráfico de droga e a criminalidade organizada.[75] A partir deste ponto, os Estados-Membros desenvolvem conjuntamente a cooperação e a assistência mútua em matéria penal.[76]

Cinco anos mais tarde, na sequência do *Tratado de Amesterdão*, a UE estabeleceu o objetivo do espaço de "liberdade, segurança e justiça", cuja finalidade é a harmonização das legislações dos Estados-Membros no domínio da prevenção da criminalidade organizada, do terrorismo e do tráfico de droga. Para concretizar este objetivo, foi criada a decisão-quadro como um novo instrumento jurídico, que obriga os Estados-Membros a moldar os seus regulamentos jurídicos internos de acordo com o objetivo estabelecido em conjunto.[77]

Ao colocar as disposições relativas ao controlo das fronteiras externas, aos vistos, ao asilo e à imigração e à livre circulação de pessoas no pilar comunitário, o Tratado de Amesterdão retirou mais um pedaço da soberania dos Estados-Membros. No terceiro pilar, a cooperação policial e judiciária penal já tinha sido especificamente definida: o Conselho adopta medidas no domínio da cooperação policial e judiciária

---

[75] HL C 191, 29.7.1992, p. 61

[76] O Tratado de Maastricht é importante para o direito processual penal também porque declara que a União Europeia reconhece os direitos humanos fundamentais, tal como garantidos pela Convenção Europeia para a Proteção dos Direitos do Homem e das Liberdades Fundamentais.

[77th] E ntre as decisões-quadro em matéria de direito processual, destaca-se a Decisão-quadro do Conselho, de 13 de junho de 2002, relativa ao mandado de detenção europeu e aos processos de entrega entre os Estados-Membros77 . Através da aplicação de regras inovadoras, esta decisão-quadro revolucionou o sistema clássico de extradição: por exemplo, a execução da ordem pode ser recusada apenas por razões limitadas, a tomada de decisão foi transferida dos órgãos políticos para as autoridades judiciais, os cidadãos do Estado de execução podem ser entregues e é fixado um prazo inequívoco para a execução de todos os mandados de detenção europeus.

Outras decisões-quadro significativas adoptadas no domínio do direito processual penal:

- 2003: Decisão-Quadro 2003/577/JAI do Conselho, de 22 de julho de 2003, relativa à execução na União Europeia das decisões de congelamento de bens ou de provas;
- 2006: Decisão-Quadro 2006/960/JAI do Conselho, de 18 de dezembro de 2006, relativa à simplificação do intercâmbio de dados e informações entre as autoridades de aplicação da lei dos Estados-Membros da União Europeia
- 2008: Decisão-Quadro 2008/675/JAI do Conselho, de 24 de julho de 2008, relativa à tomada em consideração das decisões de condenação entre os Estados-Membros da União Europeia por ocasião de um novo procedimento penal
- 2008: Decisão-Quadro 2008/977/JAI do Conselho, de 27 de novembro de 2008, relativa à proteção dos dados pessoais tratados no âmbito da cooperação policial e judiciária em matéria penal;
- 2008: Decisão-Quadro 2008/978/JAI do Conselho, de 18 de dezembro de 2008, relativa ao mandado europeu de obtenção de provas destinado à obtenção de objectos, documentos e dados para utilização no âmbito de processos penais (MEOP);
- 2009: Decisão-Quadro 2009/299/JAI do Conselho, de 26 de fevereiro de 2009, que altera as Decisões-Quadro 2002/584/JAI, 2005/214/JAI, 2006/783/JAI, 2008/909/JAI e 2008/947/JAI, reforçando assim os direitos processuais das pessoas e promovendo a aplicação do princípio do reconhecimento mútuo às decisões proferidas na ausência da pessoa em causa no julgamento;
- 2009: Decisão-Quadro 2009/829/JAI do Conselho, de 23 de outubro de 2009, relativa à aplicação, entre os Estados-Membros da União Europeia, do princípio do reconhecimento mútuo às decisões sobre medidas de controlo, em alternativa à prisão preventiva.

penal em matéria penal, tendo em vista um elevado nível de segurança através da prevenção e do combate à criminalidade na União, em conformidade com as disposições do Tratado da União Europeia. [78] Assim, o Tratado de Amesterdão introduziu um realinhamento significativo no domínio do direito pertencente ao terceiro pilar, na medida em que, a partir desse momento, o terceiro pilar foi dividido em duas partes: a cooperação no domínio da justiça penal em processos penais (assistência em matéria penal); e a cooperação no domínio da aplicação da lei, ou seja, a cooperação policial (não do tipo assistência jurídica). Os principais elementos da cooperação baseada na assistência em matéria penal são os seguintes: extradição, processo de entrega, entrega e retoma do processo penal, reconhecimento de sentenças estrangeiras, assistência jurídica na execução, assistência jurídica processual.[79]

As decisões-quadro criadas pelo Tratado de Amesterdão aumentaram significativamente a atividade legislativa da UE nos domínios do direito penal substantivo e do direito processual penal, cujo impacto se fez sentir tanto na Cimeira de Tampere de 1999 como na Cimeira de Nice de 2001. Os esforços do Tratado de Amesterdão no domínio da cooperação em matéria de justiça e assuntos internos foram concretizados pelo *programa de Tampere* (1999-2004). As conclusões da sessão do Conselho Europeu realizada em Tampere, em 15th e 16th de outubro de 1999, estabelecem, por um lado, que a pedra angular da cooperação civil e penal entre os Estados-Membros é o princípio do reconhecimento mútuo, que será aplicado no caso do reconhecimento das decisões dos tribunais e de outras autoridades.[80] Assim, o programa de Tampere criou o princípio do reconhecimento mútuo das decisões dos tribunais penais, que se baseia na premissa questionável de que todos os Estados-Membros atingiram o nível de proteção dos direitos humanos capaz de assegurar a confiança mútua. Um resultado crucial desta premissa foi, em 2002, a - já mencionada

---

[78] Alínea e) do artigo 61º do Tratado CE. HL C 340, 10.11.1997

[79] Outro aspeto que também diz respeito ao direito processual penal é o facto de, no terceiro pilar, a competência do Tribunal de Justiça Europeu na condução de processos prejudiciais ter sido limitada, na medida em que, relativamente a estes processos, o Estado-Membro tinha de apresentar uma declaração separada. A Hungria apresentou a declaração de submissão.

[80] *Conselho Europeu de Tampere de 15 e 16 de outubro de 1999, conclusões da Presidência, artigo VI.* Para a realização do princípio do reconhecimento mútuo, é necessário adotar medidas relativas às regras que o garantem, prevenir e resolver os conflitos de jurisdição entre os Estados-Membros, promover a formação dos participantes no sistema judicial e apoiar a cooperação em matéria de processo penal e a execução das decisões. Para mais pormenores sobre o princípio do reconhecimento mútuo, ver: FARKAS, Ákos: Az europai büntetojog fejlodésének iranyai a Lisszaboni Szerzodés utan. *(As tendências de desenvolvimento do direito penal europeu após o Tratado de Lisboa.)* In: *Sapienti sat Ünnepi Kotet Dr. Cséka Ervin professzor 90. születésnapjàra. (Sapienti sat Edição comemorativa do 90.º aniversário do professor Dr. Ervin Cséka)* (editor: Juhasz, Zsuzsanna; Nagy, Ferenc; Fantoly, Zsanett) Szeged, 2012. pp. 139-159
O princípio do reconhecimento mútuo foi igualmente confirmado no programa que sucedeu ao programa de Tampere, os programas da Haia e de Estocolmo.

- decisão-quadro relativa ao mandado de detenção europeu e aos processos de entrega entre Estados-Membros, bem como a resolução relativa à criação do Gabinete do Procurador Europeu. Por outro lado, na sessão de Tampere do Conselho Europeu, também se afirmou que devem ser especificados os requisitos mínimos de proteção das vítimas de infracções penais, tendo em conta, em especial, o seu acesso aos direitos fundamentais e a execução do seu pedido de indemnização, incluindo os custos incorridos devido ao processo. Além disso, devem ser criados programas nacionais para o financiamento de medidas estatais e outras medidas não governamentais destinadas a ajudar e proteger as vítimas.[81]

O *Tratado de Nice*, assinado em 2001 e que entrou em vigor em 2003, alterou a disposição relativa à cooperação policial e judiciária em matéria penal, nomeadamente através das instruções relativas à organização da Unidade Europeia de Cooperação Judiciária (Eurojust).[82] A outra ronda de alterações teve como objetivo criar a possibilidade de uma cooperação mais estreita entre os Estados-Membros.[83]

No programa que sucedeu ao programa de Tampere, o *programa da Haia* (programa da Haia: 2004-2009), uma parte separada é dedicada ao reforço da cooperação entre as forças policiais, à aplicação da lei e à luta contra a criminalidade, em especial a criminalidade organizada transfronteiriça e outras infracções penais graves. O programa insta a uma maior cooperação prática entre as forças policiais e as autoridades aduaneiras dos Estados-Membros, bem como com a Europol. O programa sublinha que a cooperação em matéria civil e penal deve ser marcada pela confiança mútua.[84] O programa estabeleceu um plano decenal em 2005, salientando a importância da aproximação dos sistemas de justiça penal, bem como o estabelecimento de requisitos mínimos, e no que respeita aos direitos das vítimas e dos arguidos no processo penal, e aos princípios ne bis in idem e do reconhecimento mútuo.[85]

O Programa de *Estocolmo* (2010-2014) é o primeiro que existe no ambiente

---

[81] *Conselho Europeu de Tampere de 15 e 16 de outubro de 1999, conclusões da Presidência, ponto V. 32.* A este respeito, em 14th de julho de 1999, a Comissão apresentou uma comunicação ao Parlamento Europeu intitulada "As vítimas da criminalidade na União Europeia. Reflexões sobre normas e acções". Ver: As vítimas da criminalidade na União Europeia. Reflexões sobre as normas e a ação. Comunicação da Comissão ao Conselho, ao Parlamento Europeu e ao Comité Económico e Social. COM (99) 349 final, 14 de julho de 1999. Fonte: http://aei.pitt.edu/3561/1/3561.pdf

[82] O objetivo da Eurojust é a promoção e a melhoria da coordenação entre as autoridades judiciais dos Estados-Membros no domínio das investigações e dos processos penais.

[83] HL C 80 de 29.10.2001, artigos 29º e 31º.

84 Programa da Haia: Reforçar a aplicação da liberdade, da segurança e da justiça na União Europeia. HL C 53, 3.3.2005, pp. 1-2, http7/eur-lex.europa.eu/LexUriServ/LexUriServ.do?uri=OJ:C:2005:053:0001:0014:HU:PDF

85 HL C 53, 3.3.2005, pp. 1-2

institucional que funciona ao abrigo do Tratado de Lisboa e que trata a cooperação no domínio da justiça e dos assuntos internos como uma política da União. O Programa de Estocolmo centra-se na "Europa dos direitos", ou seja, os direitos e liberdades fundamentais especificados na Carta dos Direitos Fundamentais da União Europeia e na Convenção Europeia dos Direitos do Homem devem ser assegurados aos cidadãos dos Estados-Membros. No âmbito destes direitos, estão a ser protegidos os direitos dos suspeitos e dos arguidos nos processos penais em curso.[86]

Note-se aqui que, embora a *Carta dos Direitos Fundamentais* assinada em 2007, enquanto tratado internacional de direitos fundamentais, inclua o direito a um recurso judicial efetivo e a um julgamento justo, bem como a presunção de prova, o direito de defesa e o princípio ne bis in idem, estes têm pouca expressão a nível da União.[87] Relativamente à Convenção Europeia dos Direitos do Homem, mencionaremos também o seu artigo 6º, que garante um processo e um julgamento justos e que é acompanhado por uma jurisprudência significativa.[88] A importância prática da CEDH, no que se refere ao aspeto do direito da União, reside no facto de, ao determinar as normas mínimas do direito processual penal, a CEDH ser considerada como um ponto de partida, tanto pelo Conselho como pela Comissão. O objetivo não é o exame da conformidade com a Convenção - enquanto instância, o TEDH foi criado para este efeito - mas que os direitos nela especificados sejam aplicados na UE de forma tão coerente e semelhante quanto possível.[89]

Voltando ao direito derivado da UE, *o direito a um julgamento justo do suspeito e do arguido* é um direito reconhecido e fundamental nos Estados-Membros da União. A proposta original relativa à decisão-quadro do Conselho sobre as garantias processuais utilizadas nos processos penais[90] - que foi apresentada pela Comissão

---

[86] Programa de Estocolmo: Uma Europa aberta e segura que sirva e proteja os cidadãos. HL C 115, 4.5.2010, pp. 8-11. http://eur-lex.europa.eu/LexUriServ/LexUriServ.do?uri=OJ:C:2010:115:0001:0038:hu:PDF

[87] Sobre o princípio ne bis in idem, ver: KARSAI, Krisztina: A ketszeres eljaras alapelvi tilalmanak europai ervenyesulese. *(O nível do princípio da proibição do duplo procedimento na União Europeia).* In: (editor.: NAGY, Ferenc): *Adfuturam memoriam.* Tanulmanyok Cseka Ervin 85. szuletesnapja tiszteletere. *(Estudos de homenagem ao 85th aniversário de Ervin Cseke)* Polay Elemert Alapitvany. *(Fundação Polay Elemer)* Szeged, 2007.pp.85 - 101

[88] Para uma análise pormenorizada, ver: BARD, Karoly (2007) Emberi jogok es bunteto igazsagszolgaltatas Europaban. A tisztesseges eljaras buntetougyekben - emberijog-dogmatikai ertekezes. *(Direitos humanos e justiça penal na Europa. O julgamento justo em casos criminais - direitos humanos - tese dogmática).* Magyar Hivatalos Kozlonykiado. Budapeste, 2007.

[89] Ver: A proposta da Comissão das Comunidades Europeias: Decisão-quadro do Conselho relativa a certos direitos processuais no âmbito do processo penal na União Europeia. COM(2004) 328 final. 2004/0113 (CNS), Bruxelas, 4.28.2004, SEC(2004) 491, pontos (5), (7), (12), (13).

[90] A proposta da Comissão das Comunidades Europeias: Decisão-quadro do Conselho relativa a certos direitos processuais no âmbito do processo penal na União Europeia. COM(2004) 328 final. 2004/0113 (CNS), Bruxelas, 4.28.2004, SEC(2004) 491.
http://eur-lex.europa.eu/LexUriServ/LexUriServ.do?uri=COM:2004:0328:FIN:HU:PDF

Europeia em 2004 - foi bloqueada devido à diferença de opinião das delegações nacionais. A proposta inclui o direito de defesa durante o julgamento e no processo que o precede; o direito de utilizar a sua língua materna; os direitos de garantia do arguido em situação especial, o direito de comunicação, bem como o direito de representação consular dos detidos antes do julgamento.[91] Em 30th de novembro de 2009, o Conselho adoptou uma resolução sobre o roteiro destinado a reforçar os direitos processuais dos suspeitos e arguidos em processo penal.[92] O roteiro sublinha que a ordem dos direitos é meramente informativa, pelo que pode ser alterada em função das prioridades. O roteiro foi criado para poder funcionar como um todo; as suas vantagens só se tornariam completamente visíveis depois de os seus seis elementos terem sido implementados.

Na sequência da Medida A - que preconizava a adoção de medidas relativas ao direito à tradução e à interpretação, numa abordagem gradual[93] - foi criada a Diretiva 2010/64/UE do Parlamento Europeu e do Conselho, de 20 de outubro de 2010, relativa ao direito à interpretação e à tradução em processo penal.[94]

Resultado da medida B do roteiro, que estabelece o direito à informação sobre os direitos fundamentais e à informação sobre as acusações: Diretiva 2012/13/UE do Parlamento Europeu e do Conselho, de 22 de maio de 2012, relativa ao direito à informação em processo penal ("relativa à informação escrita sobre os direitos").[95] A Medida C do roteiro aborda o direito à assistência jurídica e ao apoio judiciário. Em consequência, foi criada a proposta de diretiva do Parlamento Europeu e do Conselho relativa ao direito de acesso a um advogado em processo penal e ao direito de comunicar em caso de detenção;[96] , bem como a Diretiva 2013/48/UE do Parlamento Europeu e do Conselho, de 22 de outubro de 2013, relativa ao direito de acesso a um advogado em processo penal e nos processos de execução de mandados de detenção europeus e ao direito de informar um terceiro aquando da privação de liberdade e de comunicar com terceiros e com as autoridades consulares durante a privação de liberdade.[97]. A adoção da diretiva relativa à presunção de inocência está ainda em curso, tendo o acordo sobre a redação final sido alcançado em novembro de 2015.[97] [98]

---

[91] BARD (2008) p. 707
[92] Resolução do Conselho, de 30 de novembro de 2009, sobre um roteiro para o reforço dos direitos processuais dos suspeitos ou arguidos em processos penais. HL C 295 de 4.12.2009. http://eur-lex.europa.eu/LexUriServ/LexUriServ.do?uri=OJ:C:2009:295:0001:0003:hu:PDF
[93] HL C 295 de 4.12.2009, p. 3
[94] HL L 280., 26.10.2010, pp. 1-7
[95] HL L 142, 1.6.2012, pp. 1-10
[96] COM (2011) 0326 final
[97] HL L 294., 6.11.2013, pp. 1-12
[98] http://www.consilium.europa.eu/en/press/press-releases/2015/11/04-presumption-of-innocence/

A medida D do roteiro estabelece o direito à comunicação com familiares, empregadores e autoridades consulares.

No que diz respeito às garantias especiais para suspeitos ou acusados vulneráveis (medida E), o resultado foi o Livro Verde "Reforçar a confiança mútua no espaço judiciário europeu",[99] , bem como uma proposta de diretiva relativa às garantias processuais para crianças suspeitas ou acusadas em processos penais.[100] [101] [102]

Por último, a medida F insta à publicação de um Livro Verde sobre a prisão preventiva, na sequência do qual foi elaborado um Livro Verde sobre a aplicação da legislação da UE em matéria de justiça penal no domínio da detenção101 (2011) e, ainda no mesmo ano, o Parlamento adoptou uma resolução que instava à introdução de regras comuns da União sobre as condições de detenção102. No que respeita a este tema, as medidas relativas à assistência judiciária provisória a suspeitos ou arguidos privados de liberdade e à assistência judiciária nos processos de execução de mandados de detenção europeus podem ser consideradas como próximos passos,[103] bem como a proposta de diretiva relativa ao reforço de certos aspectos da presunção de inocência e do direito de comparecer em julgamento em processo penal.[104]

O Programa de Estocolmo especificou o reconhecimento mútuo de diferentes proibições e o intercâmbio de informações relacionadas com as mesmas como objectivos a alcançar, no âmbito dos quais deve ser dada prioridade às áreas em que a proibição diz respeito à liberdade pessoal ou aos negócios. Para concretizar este objetivo, em 13 deth dezembro de 2011, foi criada a Diretiva 2011/99/UE do Parlamento Europeu e do Conselho relativa à decisão europeia de proteção.[105]

2. Questões actuais

O Tratado de Lisboa introduziu uma maior eficácia, responsabilidade e legitimidade no domínio do direito penal da UE. Salvo algumas excepções (por exemplo, a Procuradoria Europeia), o Tratado de Lisboa generalizou o método comunitário. Para além de ter posto termo ao sistema de pilares - em resultado do qual a cooperação em matéria de justiça penal passou para um nível supranacional e comunitário - tornou essencialmente obrigatória a aplicação da Carta dos Direitos

---

[99] Nome completo: Livro Verde sobre o reforço da confiança mútua no espaço judiciário europeu - Livro Verde sobre a aplicação da legislação da UE em matéria de justiça penal no domínio da detenção. COM (2011) 327 final

[100] COM (2013) 822 final, 2013/0408 (COD)

[101] COM (2011) 327 final

[102] Condições de detenção na UE. Resolução do Parlamento Europeu, de 15th de dezembro de 2011, sobre as condições de detenção na UE. P7_TA(2011)0585, 2011/2897(RSP). HL C 168 E, 14.6.2013, p. 85

[103] COM (2013) 824 final 2013/0409 (COD)

[104] COM (2013) 821 final 2013/0407 (COD)

[105] HL L 338., 2011. 12.21., p. 2-18

Fundamentais.[106] A Carta dos Direitos Fundamentais da União Europeia considera a Convenção Europeia dos Direitos do Homem como a sua principal fonte, pelo que o processo do Tribunal Europeu dos Direitos do Homem passa a ser possível relativamente a todas e quaisquer instituições e Estados-Membros da União, desde que qualquer lei fundamental seja violada.[107]

No Tratado de Lisboa, o princípio do reconhecimento mútuo encontra-se no Título V, especificamente entre as disposições gerais do "espaço de liberdade, segurança e justiça", tornando-se assim um instrumento de integração primário, pelo que é agora possível criar instrumentos baseados no princípio do reconhecimento mútuo também sob a forma de diretivas ou mesmo de regulamentos. Por conseguinte, na sequência do Tratado de Lisboa, a diretiva tornou-se a fonte fundamental de direito para a cooperação em matéria de justiça penal conduzida na UE, sendo que os Estados-Membros continuam vinculados pelas anteriores decisões-quadro - que ainda estão em vigor.

Por conseguinte, o objetivo do direito penal da União Europeia consiste em manter e desenvolver o espaço de liberdade, segurança e justiça, nomeadamente facilitando e acelerando a cooperação judiciária em matéria penal. Já existe uma série de instrumentos jurídicos em vigor que proporcionam aos Estados-Membros mecanismos que lhes permitem conduzir processos penais eficazes em situações transfronteiriças. O auxílio judiciário mútuo em matéria penal é a forma mais geral e mais utilizada de os Estados-Membros solicitarem e prestarem auxílio mútuo no âmbito de uma investigação ou de um processo penal em curso num determinado Estado.

Além disso, os Livros Verdes publicados pela Comissão[108] são documentos que suscitam debates e que apontam questões que aguardam solução, especificando assim a possível direção do desenvolvimento futuro. Por exemplo, as regras da União em vigor em matéria de obtenção de provas são divididas em dois grupos pelo Livro Verde

---

[106] DAVOLI, Alessandro: Cooperação judiciária em processos criminais. www.europarl.europa.eu. 2013.

[107] É lamentável que o processo de adesão da União à Convenção Europeia dos Direitos do Homem ainda não tenha sido concluído.

[108] Noutras questões relativas ao domínio do direito processual penal, foram elaborados nos últimos anos os seguintes Livros Verdes:

1. Livro Verde sobre o reforço da confiança mútua no espaço judiciário europeu - Livro Verde sobre a aplicação da legislação da UE em matéria de justiça penal no domínio da detenção. (junho de 2011);108
2. Livro Verde sobre a presunção de inocência (abril de 2006);[108]
3. Livro Verde sobre os conflitos de competência em processo penal e o princípio ne bis in idem (dezembro de 2005);[108]
4. Livro Verde sobre as garantias processuais dos suspeitos e arguidos em procedimentos penais em toda a União Europeia (fevereiro de 2003).[108]

correspondente.[109] Por um lado, existem fontes de direito que se baseiam no princípio do auxílio judiciário mútuo, como a Convenção do Conselho Europeu de Auxílio Judiciário Mútuo em Matéria Penal, de 20th de abril de 1959,[110] , o Acordo de Schengen e a Convenção de Aplicação,[111] , bem como a Convenção relativa ao auxílio judiciário mútuo em matéria penal, aprovada pelo Conselho da União Europeia em 29th de maio de 2000.[112] Por outro lado, as fontes de direito que se baseiam no princípio do reconhecimento mútuo são designadas pelo Livro Verde como fazendo parte de um grupo distinto. Trata-se, nomeadamente, da Decisão-Quadro do Conselho, de 22 de julho de 2003, relativa à execução na União Europeia das decisões de congelamento de bens ou de provas[113] e do mandado europeu de obtenção de provas. (EEW). [114] O objetivo deste último é ajudar os Estados-Membros na recolha de provas, através da obtenção rápida e profissional de documentos, objectos e dados a utilizar durante o processo penal. No entanto, a sua desvantagem é que, através de um mandado europeu de obtenção de provas, só podem ser solicitadas as provas já existentes, não permitindo a recolha de novas provas.[115]

3. Aplicação na Hungria

stUma das condições para a adesão da Hungria à UE em 1 de maio de 2004 foi a adaptação de toda a legislação comunitária e da UE. A Hungria não só ratificou e anunciou as convenções internacionais mais importantes, como também transformou e está a transformar continuamente o seu direito interno em conformidade, nomeadamente as regras do direito processual penal. As leis de alteração baseadas no direito comunitário (também) contêm igualmente a cláusula de harmonização da legislação, o requisito de aproximação ao direito comunitário.

Os procedimentos relativos aos tratados internacionais, ao auxílio judiciário mútuo internacional em matéria penal, à cooperação internacional dos organismos responsáveis pela aplicação da lei e à cooperação em matéria penal com os Estados-Membros da União Europeia são regidos por leis distintas.

Além disso, os tribunais húngaros recorreram várias vezes ao Tribunal de

[109] COM (2009) 624 final

[110] http://www.conventions.coe.int/Treaty/en/Treaties/Html/030.htm

[111] HL L 239, 22.9.2000, pp. 19-62

[112] HL C 197., 12.7.2000, p. 3

[113] HL L 196., 2.8.2003, pp. 45-55

[114] Decisão-Quadro 2008/978/JAI do Conselho, de 18 de dezembro de 2008, relativa ao mandado europeu de obtenção de provas destinado à obtenção de objectos, documentos e dados para utilização no âmbito de processos penais. HL L 350 de 30.12.2008, pp. 72-83

[115] Até agora, o mandado europeu de obtenção de provas não teve qualquer relevância prática, nomeadamente porque o prazo especificado para os Estados-Membros aplicarem a decisão-quadro era 19th de janeiro de 2011. No entanto, até à data não foi emitido um único mandado europeu de obtenção de provas, estando o instrumento jurídico em vigor apenas na Dinamarca.

Justiça das Comunidades Europeias para obterem decisões a título prejudicial.

Na nossa atual lei de processo penal, a conformidade com o direito comunitário é apresentada de forma heterogénea. A Lei de Processo Penal não contém as disposições relevantes da UE agrupadas num único local, mas o legislador transformou a redação das disposições relevantes para os instrumentos jurídicos em causa de acordo com as normas jurídicas da UE. Com base na disposição obrigatória da lei sobre a legislação, a conformidade com o direito da União Europeia figura na lei (artigo 608.º da Lei de Processo Penal, - cláusula de harmonização), no que se refere às seguintes questões: equipas de investigação conjuntas; direitos da vítima; consideração de decisões anteriores adoptadas noutro Estado-Membro da União Europeia num novo processo penal; abuso e exploração sexual de crianças e luta contra a pornografia infantil; direito à interpretação e tradução, direito à informação.

3.1 Equipas de investigação conjuntas

Com base num acordo mútuo, as autoridades competentes de dois ou mais Estados-Membros são autorizadas a criar uma *equipa de investigação conjunta*[116] para um fim específico e por um período limitado, que pode, no entanto, ser prorrogado por acordo mútuo com o objetivo de permitir a realização de investigações criminais num ou mais Estados-Membros que criaram a equipa. A composição da equipa deve ser estabelecida no acordo. Os representantes da Europol também podem ser membros de equipas de investigação conjuntas.[117]

O objetivo da criação de equipas de investigação conjuntas é permitir que as autoridades de investigação reajam eficazmente também contra crimes transfronteiriços. Estas equipas podem ser criadas especialmente nos casos em que um Estado-Membro tenha de levar a cabo uma investigação criminal complicada e dispendiosa que envolva também outros Estados-Membros e que vise a deteção de uma infração penal; e se mais Estados-Membros estiverem a levar a cabo uma investigação para a deteção de uma infração penal que envolva circunstâncias que possam exigir acções coordenadas e acordadas dos Estados-Membros em causa, respetivamente.

Qualquer Estado-Membro interessado pode solicitar a criação de uma equipa de investigação conjunta. A equipa é estabelecida no território de um dos Estados-

[116] A fonte de direito da UE em causa: [th]Decisão-Quadro n.º 2002/465/JAI do Conselho, de 13 de junho de 2002, relativa às equipas de investigação conjuntas. Publicada no volume 6th do Espaço de Liberdade, de Segurança e de Justiça, Edição Especial 19 de 2004 do Jornal Oficial da União Europeia (15.). Originalmente publicada na edição de 20th junho de 2002 L 162 (p. 1.) do Jornal Oficial das Comunidades Europeias, em vigor: a partir de 20th junho de 2002.

[117] Decisão-Quadro n.º 2002/465/JAI do Conselho, ponto 9 do preâmbulo: "Os Estados-Membros que criem uma equipa deverão ter a possibilidade de decidir, sempre que possível e em conformidade com a legislação aplicável, que pessoas que não representem as autoridades competentes dos Estados-Membros participem nas actividades da equipa, podendo essas pessoas incluir representantes, por exemplo, da Europol, da Comissão (OLAF) ou do

Membros em cujo território se prevê que a investigação seja efectuada.

3.1. A vítima

O objetivo da *decisão-quadro sobre o estatuto das vítimas*[118] é alinhar os direitos das vítimas entre si na regulamentação dos Estados-Membros. Com base na decisão-quadro, no decurso dos seus processos, os Estados-Membros são obrigados a assegurar o devido respeito pela dignidade pessoal das vítimas e a reconhecer os direitos e interesses legítimos das vítimas, especialmente no decurso do processo penal. As vítimas particularmente vulneráveis, ou seja, os grupos vulneráveis que não estão plenamente aptos a defender os seus direitos e interesses em consequência das suas capacidades limitadas de afirmação de interesses devido à sua idade, situação ou condição, devem receber o tratamento mais adequado ajustado à sua situação. Além disso, a decisão-quadro especifica - entre outros - o direito à informação: a partir do primeiro contacto da vítima com os órgãos de aplicação da lei, deve ser assegurado que a vítima tenha acesso a todas as informações significativas, através de todos os instrumentos que considere necessários, nas línguas por ela faladas. No que respeita às garantias de comunicação da vítima, os Estados-Membros asseguram o direito à compreensão e a ser compreendida pela vítima que compareça no processo, quer como testemunha, quer como parte particular. No âmbito do direito de defesa, os Estados-Membros asseguram um nível adequado de proteção às vítimas, aos seus familiares e a outras pessoas em situação vulnerável, com especial atenção à sua segurança individual e à defesa da sua privacidade em circunstâncias em que, de acordo com a opinião das autoridades, exista um perigo grave de actos de vingança ou quando dispõem de provas convincentes de uma violação grave e deliberada da privacidade das vítimas. No que diz respeito à aplicação do direito à indemnização, os Estados-Membros incentivam os autores das infracções a compensar adequadamente os danos causados às vítimas e a atenuar os efeitos da infração. A decisão-quadro tem em consideração as dificuldades causadas à vítima pelo facto de o local onde a infração foi cometida se situar num Estado-Membro diferente do Estado-Membro de domicílio da vítima.

A mediação durante o processo penal também é importante em termos dos direitos das vítimas, cuja transposição para a Lei de Processo Penal húngara já foi concluída com o nível de pormenor necessário. Naturalmente, todos os direitos das vítimas enumerados na decisão-quadro também podem ser encontrados no processo

[118] Decisão-Quadro 2001/220/JAI do Conselho, de 15 de março de 2001, relativa ao estatuto da vítima em processo penal. HL L 82., 22.03.2001. Substituída por: Diretiva 2012/29/UE do Parlamento Europeu e do Conselho, de 25 de outubro de 2012, que estabelece normas mínimas relativas aos direitos, ao apoio e à proteção das vítimas da criminalidade e que substitui a Decisão-Quadro 2001/220/JAI do Conselho. HL L 315 de 14.11.2012, pp. 5773.

penal húngaro, no entanto, alguns deles não foram transpostos devido à sua natureza. O respeito, por exemplo, é um direito fundamental da parte lesada/vítima que se deve refletir em todo o sistema jurídico, e não estipulado por uma disposição. Certas disposições não estavam, ou não estavam exclusivamente, regulamentadas na lei de processo penal e a sua aplicação específica é regulada por outras normas jurídicas (por exemplo, a Lei CXXIII de 2006 relativa à mediação em processos penais prevê a possibilidade de indemnização dos danos das vítimas através do procedimento de adesão e da mediação em processos penais previstos na lei de processo penal, respetivamente).[119]

Dos direitos das vítimas especificados acima, a regulamentação do procedimento de mediação é a mais detalhada na Lei de Processo Penal. Destina-se a cumprir a "função restaurativa (reparadora de danos) do sistema de justiça": visa a promoção da (re)solução do conflito entre o infrator e a vítima, a reparação das consequências do crime, bem como o bom comportamento do infrator no futuro. O objetivo da mediação é gerir o conflito causado pela infração penal. O processo de mediação é um processo que decorre paralelamente ao processo penal, mas não faz parte do processo penal.

3.2. Reconhecimento mútuo

O objetivo da decisão-quadro *relativa à tomada em consideração das condenações penais nos Estados-Membros da União Europeia no decurso de um novo processo penal*[120] é definir as condições em que, durante o processo penal instaurado contra uma determinada pessoa num Estado-Membro, devem ser reconhecidas as condenações penais anteriores proferidas contra a mesma pessoa noutro Estado-Membro com base em actos diferentes. Neste contexto, todos os Estados-Membros devem garantir que, no decurso de um processo penal instaurado contra qualquer pessoa, as outras condenações penais contra a mesma pessoa por actos diferentes - relativamente às quais tenham sido obtidas informações nos termos dos instrumentos jurídicos em vigor em matéria de auxílio judiciário mútuo ou de intercâmbio de informações provenientes do registo criminal - sejam tidas em consideração na mesma medida que as condenações penais nacionais anteriores e que estas tenham o mesmo efeito jurídico que as condenações penais nacionais anteriores, em conformidade com a legislação nacional.

---

[119] SÖMJENI, Laszló: *Aldozatok jogai. (Os direitos das vítimas)* In: Az europai büntetöjog kezikönyve (*O manual de direito penal europeu*) (editor: Wiener A., Imre - Karsai, Krisztina) Magyar Közlöny Lap- es Könyvkiado (editor), Budapeste, 2008. p. 693

[120] Decisão-Quadro 2008/675/JAI do Conselho, de 24 de julho de 2008, relativa à tomada em consideração das decisões de condenação entre os Estados-Membros da União Europeia por ocasião de um novo procedimento penal. HL L 220.,15.8.2008.

Na Lei de Processo Penal, no decurso da preparação do julgamento, é motivo de suspensão do processo se o procurador tiver iniciado o procedimento de reconhecimento da sentença estrangeira, de acordo com a lei de auxílio judiciário internacional contra o arguido, mas este não tiver sido concluído até à realização do procedimento probatório. [Alínea e) do n.º 1 do artigo 266.º da Lei de Processo Penal].

3.3. Tornar temporariamente inacessíveis os dados electrónicos

A diretiva relativa à luta contra o abuso e a exploração sexual de crianças e a pornografia infantil[121] serviu de inspiração para a disposição da lei de processo penal que regula a impossibilidade de acesso temporário a dados electrónicos.

3.4. Intérprete, tradutor

A diretiva relativa ao *direito à interpretação e à tradução*[122] foi também incorporada na Lei de Processo Penal e, durante a investigação, o arguido tem direito a interpretação e tradução também no que diz respeito ao seu direito de recurso (direito de queixa, direito de recurso).

3.5. Informações

No decurso do processo penal, o *direito à informação* é plenamente aplicado em relação ao arguido.[123]

3.6. Assistência jurídica em matéria penal

No decurso de crimes transfronteiriços, a *assistência em matéria penal* é a forma de procedimento mais frequentemente aplicada na prática. A Lei XXXVIII de 1996 relativa ao auxílio judiciário internacional em matéria penal não é explicitamente uma lei comunitária (União Europeia), mas tem carácter penal internacional e transnacional. Consequentemente, a aplicação da lei supramencionada precede todas as disposições relevantes nesta matéria que foram acordadas em tratados internacionais. [124] A partir da data de adesão da Hungria à União Europeia, no que diz respeito a algumas formas de auxílio em matéria penal, esta lei já não é aplicável, devendo ser aplicada uma lei especial, inicialmente a Lei CXXX de 2003 e, posteriormente, a sua versão alterada: Lei CLXXX de 2012.[125]

A Lei CLXXX de 2012 regula em pormenor a cooperação em matéria penal com os Estados-Membros da União Europeia e, entre outros, o mandado de detenção

---

[121] Diretiva 2011/93/UE do Parlamento Europeu e do Conselho, de 13 de dezembro de 2011, relativa à luta contra o abuso sexual e a exploração sexual de crianças e a pornografia infantil, que substitui o Quadro do Conselho

[122] Diretiva 2010/64/UE do Parlamento Europeu e do Conselho, de 20 de outubro de 2010, relativa ao direito à interpretação e tradução em processo penal. HL L 280 de 26.10.2010, pp. 1-7.

[123] A diretiva relevante: Diretiva 2012/13/UE do Parlamento Europeu e do Conselho, de 22 de maio de 2012, relativa ao direito à informação em processo penal. HL L 142 de 1.6.2012, pp. 1-10.

[124] NAGY, Ferenc: *A magyar büntetojog àltalànos része. (A parte geral do direito penal húngaro)* HVG Orac (editor). Budapeste, 2010. p. 442.

[125] NAGY, op.cit., p. 449.

europeu, as diferentes formas de auxílio judiciário aos processos, bem como a Europol e a Eurojust.

3.7. Decisões judiciais nacionais relevantes para o direito da União Europeia

A primeira, e até agora única, decisão da Cúria que pode ser considerada como tendo em conta a União Europeia incide sobre o aspeto do direito processual da assistência em matéria penal, *a decisão número B. 20. das Decisões Teóricas do Tribunal (EBH) da Cúria.* De acordo com a matéria de facto, um arguido de nacionalidade húngara foi detido e interrogado na Áustria sem que lhe fosse fornecido um advogado. É importante salientar que a alínea d) do n.º 1 do artigo 46.º da Lei de Processo Penal torna obrigatória a participação do advogado no processo se o arguido não conhecer a língua húngara ou a língua do processo. Por este motivo, a eficácia da sentença estrangeira não foi reconhecida pela Cúria no presente caso.

Na sua decisão, a Cúria interpretou o princípio do reconhecimento mútuo de forma extensiva, declarando-o aplicável não só ao direito substantivo mas também ao direito processual. No entanto, do nosso ponto de vista, esta solução não é correta. A fundamentação da lei que transpôs a eficácia da sentença estrangeira do Código Penal para a lei relativa ao auxílio judiciário internacional em matéria penal, em 2007, é a seguinte "[...] a eficácia da sentença estrangeira pode ser reconhecida se o processo conduzido no estrangeiro e a pena imposta ou a medida tomada não forem contrários à *ordem jurídica húngara, ou seja, aos princípios húngaros do Estado de direito.*"[126] Assim, a Fundamentação Geral não se refere diretamente às disposições da Lei de Processo Penal, mas opera em geral com a ordem jurídica, não sendo, no entanto, possível deduzir desta última a possibilidade de investigação da infração específica ("incumprimento"). Uma vez que, ao aplicar a mesma lógica, seria inevitável a análise de outros problemas (por exemplo, falta de acusação legal, acusação incompleta, "acesso ao processo", etc.), tal não é uma opção entre os Estados-Membros da União Europeia com assistência jurídica de Estrasburgo (nem no caso de Estados terceiros), uma vez que o tribunal nacional não é o TEDH.

O Tribunal Constitucional, na sua *resolução n.º 32/2008. (III. 12.)* aprovada em 12th março, *investigou a instituição do mandado de detenção europeu* e, neste contexto, as subsecções (2) e (3) do artigo 3.º do Acordo incluído no artigo 3.º do ato relativo ao anúncio do acordo sobre o procedimento de extradição nos Estados-Membros da União Europeia, Islândia e Noruega, celebrado pela União Europeia, a República da Islândia e o Reino da Noruega, cuja lei foi aprovada pela

---

[126] A fundamentação da Lei XIII de 2007 sobre a alteração da Lei XXXVIII de 1996 relativa ao auxílio judiciário internacional em matéria penal e da Lei CXXX de 2003 relativa à cooperação com os Estados-Membros da União Europeia em matéria penal.

Assembleia Nacional em 11th de junho de 2007, mas que não foi anunciada, bem como o texto incluído na lei 3 sobre os processos de entrega entre os Estados-Membros da União Europeia e a República da Islândia e o Reino da Noruega e a declaração incluída na secção 4 da lei foram declarados inconstitucionais pelo Tribunal Constitucional.[127]

[127] RAISZ, Aniko: *Kereszttuzben az europai elfogatoparancs - avagy emberi jogi aggalyok az Alkotmanybirosag hatarozata kapcsan. (O mandado de detenção europeu apanhado no fogo cruzado - ou preocupações com os direitos humanos relacionadas com a decisão do Tribunal Constitucional)* In: Jogtudomanyi Kozlony 2008/7-8. p. 393

Capítulo 4

IV. Visão para o futuro

A lei processual penal húngara está prestes a ser renovada: a codificação da nova lei está em curso. Antes de iniciar um processo de codificação, coloca-se sempre uma questão: é realmente necessário um novo código ou bastaria uma alteração do regulamento existente através de uma lei de alteração global? A lei XIX de 1998, atualmente em vigor, substituiu a lei I de 1973, que esteve em vigor durante quase 30 anos.

O argumento mais importante a favor da aplicação do novo código é o facto de, desde a sua criação em 1998, ter sido alterado quase 80 vezes, tendo uma parte das alterações ocorrido no período em que a lei ainda não estava em vigor. Além disso, nos últimos anos, tem sido uma tendência crescente em toda a Europa: A Hungria também não conseguiu escapar ao prolongamento dos procedimentos. Entre 2005 e 2013, a duração média dos inquéritos aumentou de 159 dias para 220 dias; enquanto a duração dos processos judiciais, desde a acusação até à decisão final, aumentou de 369 dias para 410 dias. Em 2004, o rácio de processos com duração superior a 2 anos era de apenas 21,03% de todos os processos, mas em 2014 este rácio aumentou para 33,07%. De acordo com as estatísticas criminais da polícia, foram instaurados 55 162 processos penais em 2014 na Hungria, dos quais em 17 095 casos, ou seja, em mais de um terço dos processos, foi deduzida acusação.[128] Também em 2014, o indicador de eficácia da acusação do Ministério Público foi de 96,58%, dos 88 506 arguidos 83 710 foram condenados por sentença definitiva do tribunal.[129]

O aumento da defesa dos direitos das vítimas, a concessão de direitos mais efectivos às pessoas que pertencem a um grupo vulnerável, a questão da diferenciação dos procedimentos, a omissão de procedimentos probatórios no caso de factos não contestados pela defesa, bem como, de um modo geral, a simplificação do procedimento e o desincentivo ao exercício abusivo dos direitos são as bases da política jurídica da nova lei.

A realização destes princípios específicos pretende ser servida, por um lado, pela modernização do tribunal coletivo. A reforma do sistema de juízes associados é real, a questão que está na ordem do dia no decurso da legislação: onde, em que casos a justiça por leigos tem de ser mantida, e em que casos não é necessário mantê-la? Subsecções

---

[128] https://bsr.bm.hu/SitePages/ExcelMegtekinto.aspx?ExcelName=https%3a%2f%2fbsr.bm.hu%2fBuntetoelj arasiAdatok%2fElj%C3%A1r%C3%A1si+adatok.xlsx (02.01.2016)

[129] A buntetobirosag elotti ugyeszi tevekenyseg fobb adatai I. *(Os principais dados da tarefa dos procuradores nos tribunais penais)* 2014. pp. 75-76. http://www.mklu.hu/repository/mkudok654.pdf (02.01.2016)

(1) e (2) O artigo 27.º da Lei Fundamental da Hungria dispõe que princípio do tribunal coletivo, mas a lei fundamental da Hungria deixa uma margem para a aplicação da lei e não quer manter o sistema de aconselhamento jurídico, que está ultrapassado na sua forma atual. Durante o processo de codificação, existe uma opção entre duas soluções:

a) variação: em primeira instância, de acordo com a regra geral, a justiça por juiz único será a forma média de procedimento, mas em caso de um processo complicado ou de um grande número de arguidos, o processo pode ser levado a um conselho de três juízes (juízes profissionais). Nesta variante, o sistema de juiz associado é mantido apenas no caso de processos judiciais contra delinquentes juvenis e militares. Em todos os outros casos, o sistema de juiz associado é suprimido.

b) variação: uma reforma global do atual sistema de juízes associados. Os elementos leigos continuariam, em geral, a fazer parte do sistema judicial em primeira instância, mas os juízes associados seriam selecionados em cada processo de acordo com as suas competências específicas.

A reforma do tribunal coletivo está estreitamente relacionada com a questão da jurisdição e da competência do tribunal. A este respeito, durante a codificação, o principal objetivo é o reforço e a redução dos encargos dos tribunais de primeira instância. Para o efeito, a legislação tenta reduzir ou, eventualmente, suprimir totalmente, excluir a competência exclusiva dos tribunais das capitais de comarca (tribunais de comarca na sede dos tribunais regionais). A competência exclusiva dos tribunais das capitais de comarca surgiria apenas no caso dos crimes mais graves.

No novo ato, no que diz respeito ao ónus da prova, prevalece o modelo limpo de divisão de funções. O objetivo continua a ser o verdadeiro esclarecimento da matéria de facto, mas o tribunal só pode obter meios de prova em circunstâncias muito excepcionais e no interesse do arguido. A prova da acusação é da competência do Ministério Público. (Anteriormente, o Tribunal Constitucional rejeitou a possibilidade legal de a presença do Ministério Público não ser obrigatória no julgamento: o Ministério Público pode solicitar que o tribunal conduza um procedimento probatório na sua ausência.[130]) Uma vez que, no futuro, a obtenção de provas de apoio será uma

[130] A obrigatoriedade de acusação em processos penais é fruto da decisão do Tribunal Constitucional n.º 72/2009. (VII.10.): "O julgamento é o local de produção de prova [...] as questões de facto que fundamentam a decisão do tribunal são coligidas no julgamento - no âmbito do procedimento probatório substantivo aí realizado. [A matéria de facto da prova pode mudar durante o julgamento. [Por conseguinte, o julgamento assume um carácter de "acusação viva" [.] a participação do Ministério Público no julgamento é indispensável para a alteração, extensão ou mesmo supressão das acusações (ou de certos elementos das acusações) [.] devido à ausência do Ministério Público, o princípio do contraditório não é respeitado." Além disso, o ponto IV.5 da fundamentação da decisão sublinhava que: "A equidade do julgamento exige a presença do procurador também do ponto de vista da defesa, uma vez que no decurso do procedimento probatório no julgamento o procurador pode até vir a retirar a acusação, e o cumprimento efetivo das tarefas de aconselhamento pode modificar a ação do procurador [...] a falta de presença

tarefa exclusiva do Ministério Público, o facto de o tribunal não conseguir obter provas agravantes ex officio deixará de ter como consequência a falta de fundamento da decisão no processo de recurso. Com este regulamento, o legislador expressa que a representação da acusação não é apenas a presença formal do Ministério Público no julgamento, esta abordagem reforça a realização prática do princípio da igualdade de armas do ponto de vista da defesa.

No que diz respeito ao princípio da defesa, a nova conceção do novo Código de Processo Penal estabelece que os sujeitos da defesa devem, durante todo o processo e, por conseguinte, sem comprometer o êxito do processo, também durante a investigação, dispor de todos os direitos necessários para exercer a sua defesa. Embora o objetivo da conceção - de acordo com o princípio da igualdade de armas - seja reforçar a defesa (mais) eficaz durante a fase de investigação, no quadro dos regulamentos actuais este não é o único problema relevante para o direito de defesa. A questão mais premente é a instituição dos advogados nomeados, bem como o seu funcionamento e eficácia.[131] A experiência atual mostra que a instituição dos advogados nomeados se tornou obsoleta, a maioria dos advogados está presente no julgamento apenas fisicamente e, quando muito, exercem o seu direito de recurso judicial.[132] Durante a codificação da nova lei, o legislador tem seguramente de proceder a uma alteração neste domínio. Um dos possíveis instrumentos de mudança poderia ser uma instituição de aconselhamento completamente independente da atual entidade que nomeia o advogado (autoridade penal): a instituição do chamado defensor público, que funciona bem em muitos países.[133]

No que diz respeito aos depoimentos das testemunhas e dos arguidos, a nova lei visa um aumento considerável das garantias. Antes dos interrogatórios, as notificações devem ser efectuadas não só verbalmente mas também por escrito. O interrogatório de

---

do procurador não deve ser um aspeto simplificador do procedimento, pois isso pode causar a violação do direito penal constitucional."

[131] GÂCSI, Anett Erzsébet: *A védelem alapelve - koncepcionàlis kérdések a készülô ùj büntetôeljàràsi torvény kapcsàn. (O princípio da defesa - questões conceptuais no contexto do novo processo penal ac.t)* Manuscrito.

[132] De acordo com o relatório do Provedor dos Direitos Fundamentais, datado de 21st de agosto de 2012: "O atual sistema de nomeação de advogado não cumpre o requisito [] segundo o qual os direitos fundamentais constitucionais devem ser aplicados de forma eficiente [...] Declaro que o atual regulamento de nomeação de advogado causa má administração em relação ao requisito de segurança jurídica decorrente do princípio do Estado de direito, bem como ao direito fundamental a um julgamento justo." (Relatório no processo n.º AJB-3107/2012).

[133] Fenyvesi, Csaba: A védôügyvéd. A védô büntetôeljàràsi szerepérôl és jogâllâsârôl. *(O advogado de defesa. On the role and the legal status of the counsel in the criminal procedure.)*Dialôg-Campus (editora), Budapest-Pécs, 2002. p. 176 para a definição legal do ato criminoso e classificação consistente com a acusação, e pode impor uma pena ou uma medida.

representantes das autoridades de países terceiros e, em especial, representantes das autoridades responsáveis pela aplicação da lei dos Estados Unidos. Nesses casos, o acordo que cria a equipa deverá especificar as questões relativas à eventual responsabilidade desses representantes."

Decisão 2004/68/JAI. HL L 335 de 17.12.2011, p. 1, e a correção da diretiva HL L 18 de 21.1.2012, p. 7

pessoas com menos de 14 anos de idade pode ser efectuado exclusivamente pelo juiz de instrução numa sala apropriada (sala de interrogatório de crianças). O confronto com uma criança testemunha está excluído; no caso de vítimas que pertençam a determinados grupos vulneráveis, bem como de vítimas de crimes especiais (por exemplo, violência sexual), o confronto só pode ocorrer com a autorização da testemunha em causa.

O plea bargain, enquanto reforço da cooperação do arguido, tem um papel prioritário no novo ato: a atual regulamentação rígida seria substituída por uma regulamentação mais flexível e mais prática. A re-regulamentação do instrumento jurídico é necessária para efeitos de eficácia dos litígios, bem como para facilitar a simplificação e a aceleração do processo. Um outro elemento importante no âmbito dos objectivos legislativos é que, durante a investigação, o autor do crime deve ser encorajado a desviar-se do processo penal (por exemplo, a omissão parcial ou o adiamento da acusação e do procedimento de mediação, respetivamente, bem como o encerramento do processo com repreensão pelo Ministério Público) de modo a que este esteja também interessado na cooperação. Na fase judicial, para além do alargamento do âmbito de aplicação das formas processuais simplificadas (por exemplo, a omissão do julgamento), uma outra nova possibilidade será a simplificação do procedimento probatório relativamente a factos não contestados pelo arguido e pelo defensor. De acordo com o novo regulamento, se o arguido concordar, não será obrigatório realizar o procedimento probatório no processo relativamente aos factos que já tenham sido detectados durante a investigação. Outro regulamento que serve o propósito de simplificar o procedimento probatório é que, se o arguido concordar, relativamente a estes factos, também não é necessário ler o material de investigação durante o julgamento.

No que diz respeito aos instrumentos que impedem o prolongamento dos procedimentos, o objetivo do legislador é reduzir o número de revogações nos procedimentos de recurso. Tendo em conta o conceito principal de que a tomada de decisão é da responsabilidade do juiz (de primeira instância), a regulamentação das revogações tornar-se-á mais rigorosa no futuro e será aplicada apenas em casos excepcionais.

O Parlamento deverá pronunciar-se sobre a nova lei de processo penal na primavera de 2016. A entrada em vigor está prevista para 2017.

MIX
Papier aus verantwortungsvollen Quellen
Paper from responsible sources
FSC® C105338

Printed by Books on Demand GmbH, Norderstedt / Germany